Jana Viscardi

ESCREVER SEM MEDO

um guia para
todo tipo de texto

🌐 Planeta

Copyright © Jana Viscardi, 2024
Copyright © Editora Planeta do Brasil, 2024
Todos os direitos reservados.

Preparação: Cássia R. Oliveira
Revisão: Caroline Silva e Valquíria Matiolli
Projeto gráfico: Anna Yue
Diagramação: Anna Yue e Francisco Lavorini
Capa: Fabio Oliveira

Dados Internacionais de Catalogação na Publicação (CIP)
Angélica Ilacqua CRB-8/7057

Viscardi, Jana
    Escrever sem medo / Jana Viscardi. - São Paulo: Planeta do Brasil, 2024.
    192 p.

    ISBN 978-85-422-2596-9

    1. Escrita - Técnica 2. Escrita criativa 3. Criação (Literária, artística, etc.) I. Título

24-0136   CDD 808.042

Índice para catálogo sistemático:
1. Escrita - Técnica

MISTO
Papel | Apoiando o manejo florestal responsável
FSC® C112738

Ao escolher este livro, você está apoiando o manejo responsável das florestas do mundo

2024
Todos os direitos desta edição reservados à
EDITORA PLANETA DO BRASIL LTDA.
Rua Bela Cintra, 986, 4º andar - Consolação
São Paulo - SP - CEP 01415-002
www.planetadelivros.com.br
faleconosco@editoraplaneta.com.br

Para Izabel e Zinho,
que acreditaram em mim desde o dia um.

Sumário

Introdução
O desafio de escrever............ 7

1. O que saber antes de começar
   a escrever 17
   Saber parar........................ 29
   Escrever como sinônimo de ler
   e observar........................ 33

2. Não existe certo nem errado...... 47

3. As tensões da língua: questões
   de raça, classe e gênero 70
   A oralidade na escrita.............. 85

O feminino genérico 91
A linguagem não binária 97

4. Caixinha de ferramentas: alguns recursos essenciais da língua 107
"Como é que chama o nome disso?"..... 111
"Foi morta"?: o lugar da voz passiva nos textos 125
O sentido e a quebra de expectativa 133
Explicando demais? O caso dos advérbios............................... 139
Frases longas, frases curtas 143
Ponto aqui, vírgula acolá 147

5. A escrita para além do texto 157
A escrita e o medo: estratégias? 164

6. Para finalizar: o que fica? 170

Introdução
O desafio de escrever

Para começar nossa conversa, talvez eu deva contar que sou linguista. Ao que você prontamente poderá me perguntar o que isso significa. Não se preocupe, você não é a primeira pessoa a carregar essa dúvida; eu já respondi a ela inúmeras vezes. Linguista é a pessoa que estuda Linguística, uma área do conhecimento que procura entender as mais variadas questões sobre linguagem: como um bebê aprende a falar, como as palavras se formam, como as línguas diferem entre si, quais as variedades linguísticas de uma mesma língua, e por aí vai. Dentre as muitas questões a serem estudadas e exploradas, uma delas muito me interessa: do que é que se faz um texto e como ele se organiza? Dessa primeira pergunta outras tantas me acompanham: como fazemos uso dos recursos linguísticos que nos estão disponíveis para escrever? Todos os textos devem seguir as mesmas "regras"? Quais as semelhanças e diferenças entre os vários formatos?

Num mundo em que (ainda) temos um olhar bastante normatizador sobre a língua e também sobre o texto escrito, meu interesse se concentra em observar as diferentes possibilidades nos usos das estruturas linguísticas, sem buscar determinar uma forma única ou fixa de pensar – e produzir – um texto. Isso significa que essa maneira de considerar o texto poderá, em boa medida, diferir da maneira como um professor tradicional de língua portuguesa (ou, como se diz costumeiramente, "de gramática") pensa e fala sobre língua e, claro, também sobre texto.

No entanto, ser linguista não implica ignorar ou negar o ensino de língua portuguesa em sala de aula. Há, inclusive, inúmeros estudos que vêm buscando discutir

INTRODUÇÃO - O DESAFIO DE ESCREVER

e (re)pensar o que se entende majoritariamente como ensino de língua portuguesa nas escolas, e muitos são os linguistas que se debruçam sobre o tema.[1] Eu mesma, em diferentes fases da minha vida, ensinei português para turmas de distintas faixas etárias. Aulas particulares de preparação para o vestibular, aulas em instituições de ensino médio e superior: ocupando esses espaços, eu me deparei com inúmeras pessoas sofrendo para unir as pontas de seus textos, chegar à "ideia mais original", seguir adiante além de um único parágrafo e, ainda, claro, incluir os tantos conectivos requeridos para que o texto fosse classificado como "bom".

Há uma série de questões que atravessam a sala de aula, da perspectiva tanto de quem ensina quanto de quem aprende: a realidade socioeconômica, as profundas desigualdades de oportunidade de

---

[1] Para trazer apenas alguns nomes importantes da área: Ataliba Teixeira de Castilho, Carlos Alberto Faraco, Gladis Massini-Cagliari, Ingedore Koch, José Carlos de Azeredo, Luiz Antônio Marcuschi, Marcos Bagno, Maria Helena de Moura Neves, Marli Leite, Stella Maris Bortoni-Ricardo, Vanda Elias, entre inúmeros outros.

estudo e o acesso à cultura e à leitura. Assim, ensinar e aprender português não é "só" ensinar e aprender português; é transpassar um oceano de questões importantes que impactam as dinâmicas de aprendizado da língua. Nessa jornada, sempre achei curioso o uso da expressão "ensinar/aprender português" porque, se você parar para pensar, toda pessoa que entra pela primeira vez em uma escola já sabe português. O que essa pessoa – criança ou adulta – muito provavelmente não sabe é fazer uso de formas escritas do português, o que já torna a conversa bastante diferente. Aliás, mentira: certamente há também formas da oralidade com as quais quem chega à escola não necessariamente tem familiaridade, e é provável que essas formas estejam também bastante próximas de formas da escrita que serão ensinadas na escola. Assim, toda vez que alguém disser que você precisa "aprender português", é importante se perguntar o que está sendo chamado de português. Muitas vezes, é uma variedade escrita da língua, rotineiramente idealizada e definida pela alcunha de "norma culta", sobre a qual falaremos adiante.

Quando interpeladas sobre seus hábitos de escrita, é também comum que as pessoas afirmem não saber *escrever em português*, uma língua muitas vezes avaliada como "muito difícil". No entanto, na contramão do que muitas pessoas às quais já ensinei costumam me dizer, elas estavam expostas à leitura e à produção de textos escritos variados no cotidiano, em circunstâncias mais ou menos formais, ao mandar e-mails de trabalho, produzir relatórios técnicos, enviar mensagens para amigos, escrever listas de compras ou algum recado antes de sair de casa. Então, o que significa dizer que não se sabe escrever em português? E por que as pessoas assumem tantas vezes não escrever regularmente quando estão expostas a diferentes práticas de escrita no cotidiano?

Mesmo agora, como produtora de conteúdo digital, em um espaço em que procuro continuamente desmistificar os entendimentos estáticos e idealizados de língua e texto, sigo recebendo mensagens de pessoas envergonhadas ao me escreverem. "Por favor, não me corrija, eu não sei escrever." Há quem diga que tardou a me enviar uma "simples" mensagem em uma rede social porque tinha certeza de que estava escrevendo algo errado e tinha medo de ser corrigida por mim. As aspas em "simples" são intencionais: escrever gera tanto medo nas pessoas que uma mensagem enviada a uma desconhecida pode repousar por dias até que alcance seu destinatário. O receio, inúmeras vezes, é da avaliação e consequente correção do que foi escrito ali. Mesmo no privado.

Sempre me intrigou todo esse discurso em torno da língua portuguesa e da escrita, mas foram precisos muitos anos e alguns tantos estudos para elaborar melhor esse incômodo. Da primeira vez que ofereci o curso "Escrever sem medo", minha grande questão era mostrar para as pessoas que elas escreviam cotidianamente e que o faziam, sim, a partir de diferentes formatos de texto. Reconhecer isso não implica afirmar que as pessoas não têm dificuldades para escrever; também não significa afirmar que somos competentes em todos os usos escritos possíveis de uma língua. Ninguém é. Mesmo aquela escritora incrível que você tanto admira. É possível que ela seja um fenômeno escrevendo um romance, mas não sabemos de suas habilidades escritas quando se trata de elaborar, por exemplo, um relatório técnico. E provavelmente ela não precisará produzi-lo e se preocupar com sua estrutura. Além disso, seus romances certamente são lidos e revistos por profissionais do texto que contribuem para que a escrita seja fluida e chegue até você "nos trinques". Não tenha dúvida: este livro que você está lendo também passou por todas essas revisões e leituras. Ou seja, isso não deveria ser uma questão: há habilidades escritas que precisamos *desenvolver* porque não fazemos uso delas no cotidiano, porque não são práticas com as quais temos contato. Quem tem o hábito de escrever regularmente pode ter mais facilidade em se adaptar à escrita de novos gêneros, mas isso não significa que o faça sem nenhum desafio.

Afinal, escrever é desafiador.

Não podemos nos esquecer, no entanto, daquilo com que temos contato. Reconhecer práticas de escrita no cotidiano de tantas pessoas letradas implica apenas demonstrar que há formas e formas de escrever, a partir das diferentes ocasiões a que somos expostos e das demandas de escrita que temos nos diferentes contextos. Além disso, é importante lembrar, pessoas analfabetas também estão em contato com textos escritos. As tecnologias usadas no nosso cotidiano têm trazido distintas possibilidades, como a leitura automática do texto em voz alta e o envio e recepção de mensagens por áudio para consolidar as interações por meio de textos orais. Então, mesmo plataformas a princípio focadas na escrita passam a agregar essas possibilidades, como no caso do WhatsApp.[2]

Assim, desenvolver a habilidade da escrita significa, entre outras tantas coisas, reconhecer *os contextos de uso dessa escrita*. Escrever bem não é sinônimo único e exclusivo de uso da norma-padrão. De nada adianta usar, por exemplo, um conjunto de formas rebuscadas atreladas a um vocabulário pouco conhecido para escrever um

---

[2] As redes sociais se transformam rapidamente a partir das necessidades trazidas por quem as utiliza. Além disso, há sempre novas redes surgindo, o que pode levar ao declínio de outras tantas. O exemplo do WhatsApp faz sentido no ano de 2024, mas talvez daqui a alguns anos não mais...

e-mail de trabalho que preza pela objetividade e simplicidade. A língua e, portanto, o texto não são entidades que estão fora do mundo, isoladas, imutáveis, estáticas – e é preciso fazer uma leitura do contexto de produção para entender quais usos se adéquam àquela ocasião. Ter isso em conta ao escrever todo e qualquer tipo de texto contribui de maneira fundamental para "destravar" ao longo da jornada. Além disso, a busca incessante pelo uso restrito de uma norma faz muitas pessoas entenderem a própria escrita como constantemente inadequada. No entanto, ao escrever um texto, é preciso reconhecer, entre outras coisas, a audiência a que se destina, o gênero escolhido para transmissão da ideia, os recursos disponíveis para a produção daquele gênero, as informações a serem trazidas, os conhecimentos compartilhados entre quem escreve e quem lê, os processos de revisão e edição. A graça em escrever está, justamente, em reconhecer as diferentes nuances e possibilidades dos gêneros textuais, das inúmeras escolhas que podem ser feitas a partir dos interesses de quem escreve e leva seu texto adiante.

Escrever demanda, portanto, observar uma série de características do texto – e do entorno. Demanda também a desmistificação da forte romantização, idealização e elitização do ato de escrever em e para alguns espaços como algo exclusivo e destinado a apenas uma pequena casta de pessoas. Em uma sociedade tão desigual como a brasileira, ninguém ganha nada em seguir defendendo – direta ou indiretamente – um entendimento de língua que ignora as variedades linguísticas e as impede de adentrar o universo da escrita e da disseminação de textos.

Com este livro, eu espero poder expandir essa conversa sobre a escrita para você que está aí do outro lado destas páginas. São tantas as questões instigantes que envolvem a escrita. Que possamos então fazer esse caminho de mãos dadas.

1.
O que saber antes de começar a escrever

> "o tempo não para
> e, no entanto,
> ele nunca envelhece"
> - Força estranha, Caetano Veloso

Quando Gal Costa faleceu, em 2022, eu dediquei horas a ouvir suas canções. No mesmo dia eu daria início a mais uma turma do meu curso "Escrever sem medo", que deu origem a este livro. Eu estava muito emocionada, mexida mesmo. Gal Costa é um acontecimento. E ao revisitar inúmeras de suas canções, me deparei com os versos, já tão conhecidos, que abrem este capítulo. Foi com eles que decidi dar início à minha aula naquele dia porque essa relação entre o tempo e o envelhecer me pareceu tão conectada à questão da escrita.

Escrever é, entre outras coisas, deixar registrado no tempo aquilo que experimentamos num dado momento da nossa história (e da história em si), não importa se estamos falando de um texto acadêmico, ficcional ou (auto)biográfico. Toda escrita é, inevitavelmente, um registro de um dado momento, ainda que não atue como um espelho, como representante direta do mundo. E quando revisitamos algo que escrevemos, esse texto pode ganhar novas cores, uma nova leitura, e nunca será exatamente o mesmo que foi antes. Assim, um texto não para de ganhar novos significados e, talvez por isso, assim como o tempo, não envelhece.

Na perspectiva que busco trazer para você nestas páginas, a língua é, então, entendida a partir de sua dinamicidade, interatividade e heterogeneidade, o que tem implicações importantes para pensarmos o texto, entendido como um evento único, produzido a partir de uma dada situação

1. O QUE SABER ANTES DE COMEÇAR A ESCREVER

comunicativa, com um objetivo (ou vários) específico e destinado a uma audiência, demandando de nós o emprego de uma série de recursos linguísticos, selecionados a partir das características que queremos destacar.

Quando entendemos a língua como algo heterogêneo (porque tem diferentes formas e estruturas, que podem variar de acordo com questões geográficas, etárias, de identidade de gênero, entre outros fatores), interativo (porque se dá na interação entre sujeitos e textos) e dinâmico (porque muda ao longo do tempo), somos capazes de perceber de maneira mais abrangente e completa não apenas a língua, mas também a produção textual, que passa a ser reconhecida como um processo igualmente heterôgeneo, interativo e dinâmico.

Assim, uma lista de compras terá características distintas daquelas de um diário, que terá características distintas das de um conto, que terá características distintas das de um artigo científico. Cada um desses textos poderá também compartilhar semelhanças, mas é provável que você faça escolhas bastante diferentes ao escrever um artigo científico ou criar uma lista de compras. Os recursos linguísticos que emprega (conectivos variados, vocabulário, usos mais e menos formais da língua, entre outros elementos) para atender às demandas do formato serão diferentes. É o que se convenciona chamar de "gêneros textuais", formatos com uma certa estabilidade usados quando produzimos um texto e que nos ajudam a delimitar as demandas dessa escrita. Pense, por exemplo, em uma redação para o vestibular: o texto argumentativo ali requerido tem uma série de características específicas que precisam ser atendidas. Assim, quem escreve tem a chance de receber uma boa nota – eis o objetivo desse gênero textual: demonstrar que se sabe fazer uso de diferentes recursos, transformados em critérios de correção.

É possível que os critérios para a escrita de um dado gênero textual estejam explicitados em manuais, como no caso de textos literários submetidos a um concurso, textos acadêmicos submetidos à avaliação e posterior publicação em uma revista ou textos enviados para publicação em diferentes plataformas de redes sociais. Esses critérios se tornam norteadores da escrita e são reconhecidos a partir do estudo e também da observação do cotidiano.

Assim, produzir um texto é pensar também as diferentes etapas que compõem o processo de produção textual. Ainda que essas etapas não sejam fixas ou estejam presentes em todos os textos que se produz no cotidiano, e muitas vezes se sobreponham no processo de escrita, é interessante mencioná-las. Em inúmeras ocasiões é importante primeiro planejar o que se pretende dizer – e como –, para então produzir, e depois, por fim, revisar um texto.

A etapa de planejamento inclui definir as leituras que serão feitas como parte do estudo do seu projeto de escrita; quem é a audiência para a qual seu texto se direciona; quais os argumentos que você pretende trazer; quais os recursos linguísticos que você pretende empregar na construção dos seus argumentos; a partir de qual gênero textual seu projeto será desenvolvido. Certamente fará parte do planejamento do seu projeto de escrita pensar também a plataforma de publicação do seu texto: ele será publicado em um blog? Em uma rede social?

Como parte de um compilado de textos em uma publicação coletiva em formato de livro? Em uma revista científica? Em um jornal? Todos esses questionamentos (e talvez outros que venham à sua mente aí do outro lado) são importantes porque contribuirão para que você entenda o formato do texto e já possa, assim, produzi-lo considerando essas características.

Um exemplo simples: quem decide escrever um texto em uma rede social como o Instagram precisa ter em vista que os textos ali publicados têm apenas 2.200 caracteres,[1] nenhum caractere a mais. Se seu texto ultrapassa esse limite, será preciso publicar o material "excedente" nos comentários, e não no corpo do texto principal. Além disso, para publicar um texto no Instagram, é preciso, necessariamente, publicar também uma imagem que o acompanha (e antes disso tudo, claro, é preciso ter uma conta na rede social). Ou seja, o conhecimento

---

[1] Este livro foi escrito em 2023, num momento em que esse era o limite de caracteres para as legendas do Instagram. Essas características, claro, podem mudar com o tempo.

1. O QUE SABER ANTES DE COMEÇAR A ESCREVER

da plataforma de publicação e suas regras é parte significativa do planejamento do texto para que você se prepare para as circunstâncias específicas de publicação. Mais um exemplo: se você está escrevendo uma dissertação, é possível que tenha que atender a uma série de normas definidas pelo departamento e universidade em que se realizou a pesquisa. É fundamental conhecer tais normas e formatos para estruturar as ideias que você pretende elaborar na dissertação. Essas normas podem incluir o atendimento tanto à Associação Brasileira de Normas Técnicas (ABNT) quanto a características determinadas pelo departamento específico, em função das características dos trabalhos produzidos ali.

É dessa maneira que podemos entender a escrita como uma atividade estratégica nos diferentes contextos em que é produzida: em uma newsletter, em um texto para rede social, em um conto para um compilado ou em uma coluna para um jornal. Cada um desses formatos demandará reflexões e estratégias distintas. Vamos a mais um exemplo: na era da "economia da atenção", as colunas de jornal vêm sendo divulgadas com títulos/manchetes inúmeras vezes sensacionalistas, que causam fúria e, não raro, amplo compartilhamento. Aqui, cabe uma discussão importante sobre a ética do jornalismo em tempos de mídias sociais e disputa de atenção, que atravessa a produção textual e a estratégia de escolha de estruturas que despertem a atenção do possível leitor. Mas, sem dúvida, tem-se aí, desde sempre, o planejamento das escolhas dos títulos para que atinjam mais pessoas. É com base nesse entendimento das condições de produção ou de publicação que se vai planejar um texto, com foco em sua presença nos diferentes contextos.

A partir do momento em que, idealmente, o seu texto foi planejado e os estudos que são parte da escrita foram feitos, chegamos à segunda etapa: é hora de escrever. É possível que você já tenha feito anotações, escrito o rascunho de ideias ou o resumo de um conjunto de leituras. Ou seja, as etapas não são necessariamente lineares. É possível que você volte a estudar ao longo do caminho da escrita, por exemplo, assim como é possível que você já revise trechos do seu texto enquanto ainda o escreve. A escrita se dá por caminhos tortuosos: há dias em que o texto flui, as ideias se organizam, você escreve. Mas há dias em que você está diante da folha de papel ou da tela do computador e nada parece fazer sentido. O texto parece desarranjado; as ideias, mal estruturadas. No entanto, é importante entender a escrita como rotina: ela deve estar sempre lá, mesmo que não flua como o desejado.

Com a conclusão da escrita – ou daquilo que você entende como parte central do projeto –, chegamos à terceira etapa: seu texto possivelmente passará por uma revisão – sua ou profissional, a depender dos recursos (de tempo e financeiros) que lhe estão disponíveis e também da plataforma de publicação. Caso se trate de uma postagem para o seu blog, é possível que você mesma faça a revisão e publique o texto. Mas se já há uma estrutura de trabalho coletiva, é possível que parte dessa equipe seja composta por editoras e revisoras, que leem seu texto criticamente para identificar possibilidades de melhoria e trechos que não fazem sentido. Caso se trate, por exemplo, de um artigo acadêmico, será preciso ainda enviar o texto para a revista escolhida, e ele será avaliado por pares, pesquisadores da área com competência para analisar seu trabalho por sua escrita, pelo tema e articulação teórica escolhidos antes da publicação. Sugestões de revisão do texto, dos argumentos ou da bibliografia (que poderão levar você a novos estudos pontuais) poderão ser feitas. Só depois dessa etapa seu texto é publicado (ou rejeitado, como é possível acontecer nesse formato).

Observe que interessante: para falar sobre as etapas de elaboração de um texto, nossa conversa foi além de apresentar apenas tecnicalidades do como escrever. É sempre importante lembrar que escrever um texto depende de uma série de fatores, que incluem, também, a questão financeira e de disponibilidade de tempo. E também, claro, a participação de diferentes profissionais das Letras. Falaremos mais sobre isso adiante. Para mim, neste ponto do livro, importa deixar claro que o texto é um evento comunicativo de caráter dinâmico. Mesmo quando concluído, ele pode ser revisitado.

Veja, por exemplo, o caso da escritora Lygia Fagundes Telles. Em entrevista de 2009[2] sobre a nova edição do seu livro *As meninas*, ela afirma que acrescentou ao texto originalmente publicado em 1973 "três ou quatro linhas", porque sentiu que precisava trazê-las, ainda que anos depois de sua primeira publicação. Estamos falando de uma escritora renomada, com extensa obra literária, que decide acrescentar ao texto também renomado algumas tantas linhas, o que nos faz pensar que um novo olhar sobre o texto pode acontecer a qualquer tempo. No paralelo com os versos cantados por Gal Costa, o texto também não envelhece: pode ser relido e reeditado, mesmo tantos anos depois. Isso não significa que envelhecer seja ruim, é claro. Faz parte da vida e dos textos. Mas que, antes, a passagem do tempo não o mata; envelhecer é viver, o que significa também sempre ter espaço para o novo.

Isso não significa que aquilo que deixou de entrar no texto não "atormente" quem

---

[2] LYGIA Fagundes Telles. Vídeo (5 min). Publicado pelo canal Companhia das Letras. Disponível em: https://www.youtube.com/watch?v=iZcS6KpsWc8. Acesso em: 20 nov. 2023.

escreve: em texto[3] sobre o escritor Fred Moten, Stephanie Borges, escritora e tradutora, pontua o sofrimento de Moten diante daquilo que ele entendia faltar em seu livro de ensaios *Na quebra: A estética da tradição radical preta* (2023). A falta sentida pelo autor é publicizada catorze anos depois da publicação da primeira edição da obra, em 2003.

Os exemplos de Lygia Fagundes Telles e Fred Moten nos lembram de que um texto passa por várias leituras e ponderações (mesmo depois de publicado) de quem o escreveu, de quem contribuirá para que seja publicado e, claro, da audiência que terá acesso a ele a partir da publicação. Não há quem publique um texto sem que ele passe por várias mãos. Não há. E, tantas vezes, no meio do caminho, a releitura leva a reflexões e frustrações e, em alguns casos, a reescritas, ainda que "pequenas", como no

---

[3] BORGES, Stephanie. Fred Moten e Stephanie Borges: dois poetas conversam no escuro. *Suplemento Pernambuco*, [s.d.]. Disponível em: http://www.suplementope.com.br/ensaio/3082-dois-poetas-conversam-no-escuro.html. Acesso em: 20 nov. 2023.

exemplo de Lygia Fagundes Telles. A linearidade não é uma característica intrínseca à escrita. Em contrapartida, como vimos, a hesitação é.

Saber parar

Que fique claro, porém: a revisita inevitavelmente precisa ter um fim, ao menos num dado ponto da escrita. As reflexões sobre o que faltou ou sobrou podem seguir, mas é bastante provável que você precise parar de intervir no texto. Isabel Allende, em relato sobre seu processo de escrita no livro *Why We Write* [Por que escrevemos, em tradução livre], de Meredith Maran,[4] observa que passou a ser mais rigorosa quando começou a escrever usando o computador. Ao perceber que poderia revisar seus textos enquanto os escrevia, se deu conta de que seu estilo se tornou muito "duro". Aprendeu, assim, a evitar o excesso de correções.

---

[4] MARAN, Meredith. *Why We Write*. Nova York: Plume, 2013.

Porque é preciso, em algum momento, parar. Seja porque o prazo chegou, seja porque o espaço é curto para tantos acréscimos: não há texto que seja a representação exata do mundo e de tudo o que desejaríamos dizer, e esse entendimento poupa tempo e energia de quem acredita que deverá descrever um estado de coisas "exatamente como elas são". Há inúmeras formas de fazê-lo, eis a unicidade de cada texto, uma de suas características intrínsecas.

Assim, passear pelo próprio texto deve ser um exercício de reconhecimento e amadurecimento da própria escrita, algo que acontecerá durante *toda a vida* de quem escreve. O "passeio" não deve, contudo, atuar como um limitador da escrita a partir de uma lógica hostil ou rígida com cada palavra colocada no papel. Fazer ponderações sobre o que se escreve é crucial, mas quando o texto nunca é entendido como suficiente temos, possivelmente, um alerta vermelho.

Eu me lembro, por exemplo, da escrita da minha dissertação e da minha tese. São textos que, desde concluídos, não revisitei. Eu mal consigo olhar para eles, se posso

1. O QUE SABER ANTES DE COMEÇAR A ESCREVER

ser sincera com vocês. Escrevê-los foi parte de longas jornadas de estudo e diálogo com inúmeros autores, aprendizado e transferência dessas ideias para o papel, com constantes revisitas ao texto a partir das leituras feitas pela minha orientadora. Foram períodos importantes dedicados à escrita e à revisão. Quando os concluí, senti que faltava algo, que era preciso mais. E, claro, eu poderia ter escrito mais, porque, como eu disse antes, é sempre possível refletir mais, estudar mais e, portanto, escrever mais. Mas foi preciso concluir aqueles dois projetos, entendendo que faziam parte de momentos específicos da história da minha pesquisa, a partir de um conjunto de estudos, dados e objetivos de análise; além, claro, de um conjunto de recursos financeiros e de tempo disponíveis naquele momento, a partir de um dado ponto da minha trajetória como pesquisadora, trajetória que incluía o inevitável aprendizado de escrita daqueles gêneros textuais. Afinal, só se escreve uma tese uma vez.

Assim, foi preciso parar: de estudar novos autores, de buscar novos dados, de incluir mais um capítulo, de adicionar mais uma nota. Há sempre mais a conhecer no mundo, e poderia haver mais a ser trazido para aqueles textos, mas há limites que precisam ser reconhecidos, porque contribuirão inclusive para demarcar o espaço do projeto que você opta por consolidar e escrever. O planejamento do texto pode contribuir até mesmo para essa delimitação do que fará parte de um projeto de texto. Será preciso, sempre, em algum momento, dizer "chega, acabou". Ora porque há um prazo a ser cumprido, ora porque a bolsa de estudos acabou; ora porque você chegou à exaustão por diferentes razões, ora porque não havia mais condições de seguir com aquele texto. Você, aí do outro lado, certamente poderá elencar outras tantas razões para a finalização de um projeto de escrita ainda que pense *mas eu deveria continuar escrevendo, ainda não acabou*.

E veja só, este não é um problema exclusivamente seu. Esse sofrimento é compartilhado até mesmo por pessoas experientes. Virginia Woolf, escritora, ensaísta e editora britânica, registrou que a escrita da biografia de seu amigo Roger Fry lhe trouxe tanta angústia e sofrimento que ela acabou por aceitar a sugestão de sua irmã: deixou o projeto de lado para escrever suas memórias, que se transformaram no livro *Um esboço do passado*.[5] Ou seja, foi preciso abandonar o texto da biografia para retomá-lo em outro momento, depois de um certo afastamento. Há diferentes razões para esse afastamento, é claro, e certamente você terá as suas. Por isso, também é preciso saber parar.

Escrever como sinônimo de ler e observar

Eu fico com a impressão de que este livro pode acabar se tornando um grande apanhado de lugares-comuns. Confesso a você que não me importo se esse for o entendimento do público leitor. Sinto uma angústia tão grande ao ver a maneira como as pessoas idealizam a escrita que a repetição de lugares-comuns importantes

---

[5] MESQUITA, A. C. "Apresentação". *In*: WOOLF, Virginia. *Um esboço do passado*. São Paulo: Nós, 2020.

me parece fundamental. Em especial numa sociedade em que a escrita é colocada em uma redoma quase mística, que faz com que também o processo de escrita de um texto seja entendido de maneira semelhante. É como se qualquer pessoa que escreve seguisse a mesma jornada: a partir de uma iluminação, ao contemplar o horizonte, com o olhar perdido, de repente, *plum*, surge diante de si um conjunto de imagens e ideias que se transformam em uma obra. Assim, *pá pum*. Paira no imaginário de muitas pessoas a escrita como pura inspiração de gênios escritores. De repente, algo se revela a quem escreve e pronto. Basta sentar, munido de papel e caneta, e tudo está resolvido.

Eu tenho uma notícia pra dar. Não funciona assim. É possível escrever um conto, um texto jornalístico, um poema, de uma vez só? Evidente que é. Basta buscar relatos de pessoas que escrevem regularmente e você vai encontrar episódios de quem se viu, de repente, quase afogado em um texto que "simplesmente" veio. Mas o que até mesmo essas histórias podem esconder é: esse "simplesmente" não é tão simples assim.

Um texto não surge no mundo embalado a vácuo. Quem escreve também não vive em uma bolha encerrada em si mesma, sem acesso ao mundo "exterior". Isso significa que somos, todos os dias, "alimentados" das mais variadas percepções, imagens que nos impactam ou trazem singeleza, toques, encontros, risos, horror, lágrimas. Todo o conjunto de experiências que compõem a vida de cada um de nós nos constitui e contribui para o processo de escrita. Ideias não surgem do "nada", mas das inúmeras experiências e vivências a que estamos expostos. "Do nada", um clique, e você escreve a partir de um dos "gatilhos" do cotidiano. Aqui, de novo, não idealize: o que te "engatilha" pode ser tanto uma flor bonita diante da sua janela quanto a lixeira cheia de moscas que rondam a cozinha.

Assim, escrever passa, inevitavelmente, por observar o entorno (eu não disse que estaríamos navegando no mar do lugar-comum?). A atenção à vida e a seus detalhes marca a construção de *qualquer* texto: para produzir uma reportagem jornalística, é preciso ter atenção às informações de uma dada ocorrência a ser reportada; para escrever um poema, ainda que abstrato, a observação do mundo também pode ser crucial. E o que é que isso significa? Que as informações que nos circundam são parte significativa do nosso repertório.

No texto *Escrever*,[6] Marguerite Duras, escritora e dramaturga francesa, relata seu processo de escrita, a relação com a casa em que escreve, o ambiente ao redor, as pessoas que fazem parte da sua vida e sua relação com elas enquanto escreve. Num dado ponto do texto, ela relata a experiência de acompanhar a morte de uma mosca. Uma mosca. Presa no vidro, ela se debate, mas, ao fim, morre. Para além de descrever o episódio da morte e o relato que fez da ocorrência a uma amiga, Duras também se dedica a pensar o entrelaçamento entre esse episódio cotidiano e a escrita. A autora revela, com isso, a importância da observação do cotidiano, de *tudo* que há no cotidiano. Por que a morte de uma mosca não poderia ser um tema para a escrita? Um parágrafo ou todo um conto, não importa. Esta

---

[6] DURAS, Marguerite. *Escrever*. Belo Horizonte: Relicário Edições, 2021.

não é uma reflexão exclusiva de Marguerite Duras. São inúmeros os escritos que destacam a importância de se observar o cotidiano e suas nuances.

Muito me agrada encontrar observações como a de Duras sobre a escrita porque costumeiramente as pessoas que fazem meus cursos dizem não saber se têm ideias suficientemente boas para escrever. Se questionam sobre seus repertórios culturais, sobre aquilo que alcançam. Esse outro – o ideal de escritor – sempre parece saber mais, ter mais recursos. De novo, temos aqui um entendimento bastante particular – glamorizado e elitizado – de texto. Temos também um entendimento sobre esse outro que escreve – e sabe muito, sabe mais, sabe sempre. Contínuas idealizações: do processo de escrita e da pessoa que se põe a escrever. Marguerite Duras escolheu falar, entre tantas coisas, sobre aquela mosca. Minha mãe já escreveu uma redação sobre a alma de um pente. Eu já escrevi sobre a maneira como os sons do português se organizam. Cada um desses textos foi escrito para uma ocasião específica, num momento específico da vida dessas pessoas. Todos esses textos foram escritos, e nenhum deles deveria ser invalidado ou diminuído porque fala de um tema considerado mais ou menos "nobre". Quem é que define o que é "nobre" ou "importante" o suficiente para compor um conto, um livro, uma postagem em um blog? É claro, não sejamos ingênuos: entre ter uma ideia, escrever um texto e vê-lo publicado, em especial por editoras conhecidas, há um longo caminho a percorrer. Caminho que não necessariamente é justo. O objetivo em trazer os exemplos anteriores é mostrar que o seu texto não deixa de ser interessante porque você escolheu um tema X, enquanto todos estão falando de Y. A questão, muitas vezes, é mais *como* o texto está produzido e *quem* o está produzindo e menos o *quê*.

Um texto parte de uma observação do mundo – mesmo aqueles considerados ficção. É da observação do mundo que se pode "desviar" dele e construir outras realidades. Dessas observações do mundo ao redor surgem textos que eu e você lemos cotidianamente. Não importa se se trata de textos de ficção ou de não ficção. Todos precisam, em alguma medida, levar em conta uma dada observação do mundo.

Buscar "O" (assim, com letra maiúscula mesmo) momento que vale a escrita provavelmente levará você a jamais escrever uma linha. E a busca por esse momento especial nos faz pensar, uma vez mais, nos sentidos do texto. Se é preciso encontrar um momento muito importante, mágico ou divino que faça jus à escrita, é porque entendemos o texto como esse espaço privilegiado em que apenas algumas tantas coisas podem ser absorvidas e apresentadas. No entanto, há um sem-fim de histórias que partem do cotidiano para se desenvolverem. Você sabe disso também. Por que, então, partir da observação do cotidiano para construir uma história não seria suficiente ou digno? Por que essa história não pode ser o ponto de partida para que outros tantos elementos surjam e desbravem as páginas? É a maneira como nos comportamos diante das experiências no mundo que contribuirá para a maneira como avaliaremos e descreveremos a realidade que nos circunda. É o seu olhar sobre uma experiência que tornará a sua história única, ainda que compartilhe um sem-fim de características com outras histórias.

Descobrir um novo produto no supermercado, conversar com o taxista, abrir uma cerveja no final da tarde, voltar para casa de ônibus depois de um turno exaustivo de trabalho, caminhar sozinha pelas ruas ou pelo campo. Cada uma dessas atividades nos permite observar inúmeros acontecimentos que estão (ou não) circunscritos a elas: você pode tanto estar atenta às pessoas no ônibus enquanto volta para casa quanto pode observar a rotina da pessoa que dirige o carro ao lado e sequer nota que você observa o que ela faz. Eu me lembro do tema central de uma série de textos da escritora e ilustradora brasileira Aline Valek em que ela observava as pessoas do seu cotidiano, numa caminhada, ao andar de ônibus ou pegar o metrô. "Escolhia" uma delas, a desenhava e, em seguida, imaginava uma história para ela. A partir desse mote, a autora escreveu uma série de textos ficcionais.[7] A vida, minha gente, é um livro aberto a ser escrito. Esses episódios todos podem

---

[7] Conheça os textos no blog da autora: https://www.alinevalek.com.br/blog/tag/personas/.

se tornar tópicos – e inspiração – da nossa produção.

Ou seja: é a partir do seu olhar sobre o mundo que os temas ganharão as mais variadas nuances. Seu olhar sobre o mundo traz experiências únicas, mesmo que outras tantas pessoas tenham vivido experiências semelhantes. Pode parecer contraditório, mas não é. Cada um de nós vive experiências ao longo da vida que nos conectam às outras pessoas da mesma comunidade – e mesmo de outras tantas comunidades do mundo. Essas mesmas experiências nos permitem que tenhamos um entendimento particular de mundo, porque conectamos de maneira particular a relação entre as diferentes informações a que temos acesso.

Mas não só de observação se constrói a escrita. Já ouvi vários alunos dizerem que tinham muito medo de não serem *originais* em suas escritas. Que sentavam diante do computador sem conseguir escrever uma linha, não sabiam nem sequer por onde começar. E ao sugerir que lessem outros textos, via que muitos se sentiam angustiados por pensarem que estariam "copiando" outras obras e, com isso, perderiam a originalidade. Mais uma vez, ponto para essa lógica torta do texto que brota da terra. Do texto que é perfeito de primeira, da obra-prima que nasce lapidada e sem qualquer referência externa. Que curioso esse mundo tão idealizado, em que outros textos não existem. Que curioso esse mundo em que as ideias surgem do vácuo, e não através do contato com outras tantas ideias. Mikhail Bakhtin, pensador russo, nos sinaliza ainda no início do século 20 que a dialogia é parte integrante do texto. Ou seja, todo texto está em diálogo com outros textos produzidos ao longo da história.[8] Assim, entendo que a busca pela originalidade não deveria se

---

[8] "Natureza dialógica da consciência, natureza dialógica da própria vida humana. A única forma adequada de *expressão verbal* da autêntica vida do homem é o *diálogo inconcluso*. A vida é dialógica por natureza. Viver significa participar do diálogo: interrogar, ouvir, responder, concordar, etc. Nesse diálogo o homem participa inteiro e com toda a vida: com os olhos, os lábios, as mãos, a alma, o espírito, todo o corpo, os atos. Aplica-se totalmente na palavra, e essa palavra entra no tecido dialógico da vida humana, no simpósio universal." (BAKHTIN, Mikhail. *Estética da criação verbal*. 6. ed. Trad. Paulo Bezerra. São Paulo: Editora WMF Martins Fontes, 2011, p. 348.)

definir a partir da negligência a outras obras que podem ser constitutivas da sua escrita. Entre outras coisas, é a maneira como você articula as diferentes informações em seu texto que poderá garantir originalidade ao trabalho.

Assim, não podemos nos esquecer, nunca: escrever é ler. Não existe escrita sem leitura – do próprio texto, do texto de outras pessoas. É inevitável para desbravar outros mundos, ideias e teorias, para conhecer estilos, analisar criticamente escolhas sintáticas, figuras de linguagens, formatos. É possivelmente através dessas leituras que você vai encontrar seu próprio caminho na escrita. Testar a partir de outros textos é, inevitavelmente, parte disso.

Ler é importante para adquirirmos conhecimento de mundo, um requisito crucial para a produção e interpretação textual. É também importante porque poderá contribuir para entender a maneira como um autor articula os diferentes argumentos para conduzir seu texto. Mas, além disso, ler é importante para que observemos a forma: a busca ensandecida pela "originalidade" faz esquecer a influência que escritores têm sobre o trabalho uns dos outros. Tanto já foi dito. E tantos autores escrevem a partir daquilo que os move em outros textos. Conhecer outros autores, suas escolhas, sua forma de guiar quem os lê, a maneira como começam um parágrafo, como usam as vírgulas, como repetem ou "exterminam" adjetivos: todos esses movimentos e outros tantos mais podem ser observados a cada leitura, se é isso que se quer extrair dela. E é a partir desse tipo de leitura que você poderá reconhecer estilos que agradam mais e com os quais você mesma gostaria de trabalhar, a partir de suas próprias ideias.

Exercício

Neste ponto da nossa conversa, sugiro um exercício de observação e leitura: busque o livro de sua escritora favorita. Releia um ou dois parágrafos (se for poesia, uma ou duas estrofes – o importante é ser um trecho curto) da obra e analise o que há no trecho que tanto agrada você. É a maneira como descreve os episódios? A alternância entre frases curtas e longas? O humor inesperado? Pode ser um texto jornalístico, um romance ou um artigo de blog. O que importa é buscar um material que tenha chamado a sua atenção.

»

A partir dessa observação, foque seu olhar em um objeto ou uma ação que acontece diante de si e escreva um parágrafo sobre a situação ou objeto que você decidiu observar, seguindo o estilo que você identificou em sua autora preferida. Não há certo ou errado aqui, o objetivo é fazer com que você vá reconhecendo o estilo e tente reproduzi-lo na escrita de um parágrafo a partir de uma ideia sua.

Volte para o texto já escrito alguns dias depois para revisitá-lo, relê-lo, avaliá-lo. O que você vê? Quais elementos gostaria de manter, o que acha que não faz sentido? Enquanto você faz essa reflexão, vamos ao próximo capítulo?

2.
Não existe certo nem errado

Você se lembra de quando começou a escrever na escola? Das dinâmicas de produção textual presentes ali? As lembranças podem ser muito variadas entre as pessoas que me leem, porque somos um país não só muito grande, mas também muito desigual, o que tem implicações importantes no processo de escolarização da população. É possível que você tenha estudado em uma escola com muitos recursos disponíveis, ou então em uma escola onde faltava até mesmo giz e papel higiênico. Da mesma maneira, em algum momento da sua fase escolar, talvez você tenha estudado e trabalhado ao mesmo tempo, ou então tenha tido como única prioridade estudar e aprender. Talvez você precisasse andar por apenas cinco minutos para chegar até a escola, talvez você precisasse usar diferentes transportes públicos para só chegar uma ou duas horas depois. Sua turma pode ter tido vinte alunos, ou então sessenta, para os quais apenas uma professora teria de direcionar seus esforços de ensino. São inúmeras as diferenças que nos cercam. Todas elas podem reverberar na maneira como os conteúdos serão ensinados e discutidos por docentes e aprendidos por estudantes. E, embora não seja o objetivo deste livro trazer uma análise aprofundada dessa questão, considero fundamental apresentá-la no início deste capítulo porque é importante para pensarmos nossa relação com a língua e com o texto. As profundas desigualdades podem levar a experiências bastante diversas de ensino e aprendizado, não só mas também, da língua portuguesa.

Antes de prosseguirmos, é preciso fazer uma observação fundamental: todas as línguas do mundo variam. Na verdade, poderíamos aqui até nos perguntar, como o fazem os linguistas, o que é uma língua, como ela se constitui. Sugiro, então, um exercício: preste atenção às pessoas com quem você conversa ou àquelas que você ouve em filmes, seriados, telejornais. Como elas falam? Os sons e palavras que utilizam são mais ou menos semelhantes aos seus? Além disso, como escrevem as pessoas com quem você interage nas redes sociais? E com quem troca e-mails de trabalho?

As variedades linguísticas nos acompanham o tempo todo, muitas vezes sem que as percebamos. Estão relacionadas à idade dos falantes, à região em que vivem, ao seu grau de escolaridade, à intimidade entre quem está interagindo, entre outros tantos fatores. Essas variedades não se restringem, portanto, a aspectos relacionados a diferentes graus de escolarização dos indivíduos. E ainda que haja tantas diferenças estruturais e mesmo de metodologias de ensino, é bem provável que nossas experiências de aprendizado da língua portuguesa se igualem em um lugar: o contato bastante marcado pela avaliação e pela lógica normativa.

O que quero dizer com isso? Que o aprendizado da escrita costuma se dar pelo direcionamento entre o que está certo e o que está errado. Essa postura não só desconsidera as mudanças contínuas da língua – que também reverberarão na escrita – como também leva a um entendimento bastante restritivo de todas as manifestações da língua, sempre a partir do binômio certo × errado, contribuindo, assim, para a rotineira inferiorização das variedades que não atendem à lógica do "certo", apresentada no âmbito escolar e reforçada por diferentes instituições reguladoras de língua.

Preste atenção à sua postura ante a escrita e a fala a que você se vê exposta no seu cotidiano. De que maneira você avalia aquilo que lê e ouve? Compreendendo que há diferentes formas de expressão empregadas em diferentes contextos, ou entendendo que há uma forma que está certa, enquanto todas as demais estão erradas? Se assim for, não lhe parece curioso que em um universo tão rico de possibilidades apenas uma, difícil de ser alcançada, é considerada possível?

Como pontuei anteriormente, quando se diz que se vai à escola para aprender português, o que se está dizendo é que se vai à escola para aprender formas específicas do português, que estão costumeiramente atreladas à norma-padrão,[1] conhecida popularmente como norma culta ou, ainda, gramática normativa.

Ao ensinar a norma nas escolas, muitas vezes o recorte que se faz se concentra em apresentar o que está certo e o que está errado na língua. Assim, as variedades linguísticas (inúmeras!) que vemos representadas (também, mas não só) naquilo que conhecemos popularmente como "dialetos" ou "sotaques" ficam à margem da discussão e são colocadas como formas menores e inferiores da língua. Curiosamente, no entanto, são essas as formas usadas por quem chega à sala de aula, e são essas também as formas empregadas pelos próprios professores que as condenam, em diferentes situações de uso do dia a dia.

---

[1] Na Linguística, o termo mais comum usado para se referir a essa forma costumeiramente ensinada na escola é "norma-padrão". Para mais informações, sugiro a leitura de FARACO, Carlos Alberto. *Norma culta brasileira*: desatando alguns nós. São Paulo: Parábola Editorial, 2008.
BAGNO, Marcos. Norma linguística & preconceito social: questões de terminologia. *Veredas, Revista de Estudos Linguísticos*, Juiz de Fora, v. 5, n.2, jul/dez, 2003.

A negação desses usos da língua leva ao que se conhece como "preconceito linguístico",[2] resultado de uma lógica comparativa pejorativa entre o que seria o ideal de uma língua e suas manifestações concretas. Como as gramáticas costumam pautar a produção de suas regras em textos literários, específicos, cristalizados e datados, a tal norma-padrão acaba por se restringir a regras idealizadas, distantes da produção concreta falada ou escrita no Brasil, mesmo por aqueles considerados cultos em nossa sociedade.

Por isso, é importante lembrar: toda e qualquer língua se transforma ao longo do tempo, ainda que haja esforços – muitas vezes mobilizados por uma dada elite – que busquem frear esses movimentos de mudança. Assim, é provável que formas hoje consideradas correntes e padrão tenham sido, num passado nem tão distante, formas entendidas como "erradas".

Dentre os problemas dessa abordagem do certo e errado na língua, nomeio três

---

[2] BAGNO, Marcos. *Preconceito linguístico*. *Glossário Ceale*, [s.d.]. Disponível em: https://www.ceale.fae.ufmg.br/glossarioceale/verbetes/preconceito-linguistico. Acesso em: 20 nov. 2023.

que guardam relação com nossos interesses aqui: primeiro, é uma abordagem que procura homogeneizar uma língua que, nem de longe, é homogênea – as variedades nos mostram isso. Segundo, muitas das gramáticas usadas ainda hoje para ensinar a norma-padrão consideram exemplos de manifestações linguísticas de textos literários antigos; e mesmo que textos recentes sejam apresentados, os exemplos são escolhidos a dedo para marcar o que seria a forma correta, e textos literários que não seguem as regras sugeridas pelo autor são desconsiderados. E terceiro, a lógica do certo e errado acaba por diminuir as formas de oralidade como modalidades representativas das manifestações de língua.

A busca por uma maior homogeneização da língua é algo relativamente recente na história da língua portuguesa. Um estudo da professora Maria Carmen de Frias e Gouveia,[3] da Universidade de Coimbra, nos

---

[3] GOUVEIA, Maria Carmen de Frias e. A categoria gramatical de género do português antigo ao português actual. In: RIO-TORTO, Graça Maria; FIGUEIREDO, Olívia Maria; SILVA, Fátima (ed. Lit). *Estudos em*

mostra o quanto há, por exemplo, variação na marcação de gênero das palavras ainda nos séculos 16, 17 e até mesmo no século 18. Pense, por exemplo, que a palavra "planeta" – no sentido de corpo celeste – era feminina em obras de Gil Vicente, mas masculina em *Os Lusíadas*, de Luís de Camões. Hoje, apresenta as duas formas: uma, masculina, destinada à definição de corpo celeste; outra, feminina, destinada à definição de veste usada por párocos em missas. Às vezes, um texto poderia trazer uma mesma palavra variando na atribuição de gênero escolhida, ora no feminino, ora no masculino. O estabelecimento da imprensa e da impressão de textos em maior escala contribui para essa tentativa de homogeneização. Na atualidade, essa lógica pode ser observada, por exemplo, nos diferentes formatos de escrita formal: há os manuais de escrita jornalística dos veículos de imprensa, há as variadas exigências para a

---

homenagem ao Professor Doutor Mário Vilela. Porto: FLUP, 2005. pp. 527-544. Disponível em: http://hdl.handle.net/10316/13383. Acesso em: 20 nov. 2023.

escrita de textos acadêmicos, há também os manuais usados pelas editoras para a revisão e edição de livros publicados, entre outras ocorrências que você poderá mencionar. E ainda que se reconheça a importância de uma certa homogeneização e normatização, não deveríamos reduzir a escrita à produção textual que se dá a partir de uma dada norma, ignorando, por exemplo, aspectos da oralidade ou das inúmeras variedades linguísticas que compõem uma língua.

O professor Carlos Alberto Faraco, linguista brasileiro bastante conhecido, costuma empregar o termo "norma curta" para falar das regras que são defendidas sem qualquer nuance e sem qualquer ponderação sobre as mudanças linguísticas. O professor Marcos Bagno, outro linguista também bastante conhecido, nos mostra que a maneira como se usa corriqueiramente o termo "norma culta" difere do entendimento que os linguistas têm dela. Para os estudiosos da linguagem, a norma culta se refere aos usos correntes da língua por parte de falantes que possuem o terceiro grau completo e vivem em áreas urbanas.

Essa categorização deriva dos estudos feitos pelo projeto Norma Linguística Urbana Culta (NURC), dedicado a investigar as formas empregadas efetivamente por brasileiros letrados que vivem em centros urbanos de diferentes regiões brasileiras. Aqui, temos uma diferença significativa: o projeto investiga manifestações *concretas* de língua, mostrando as mudanças que vêm ocorrendo no português nesse recorte populacional. Já a norma culta como popularmente empregada no cotidiano se refere às regras definidas e mantidas em manuais de língua portuguesa que comumente ignoram as transformações da língua e estão pautados em exemplos extraídos de obras literárias, incluindo textos mais antigos, que seguem sendo usados como referência. É interessante pensar que são escolhidos a dedo exemplos que atendem ao desejo por uma dada regulação da língua, mas são costumeiramente ignorados os exemplos da literatura que se contrapõem às regras muitas vezes arbitrárias pregadas por esses manuais.

Perceba que há uma distinção importante entre as formas que são efetivamente empregadas na atualidade e as formas que são "desejadas" por aqueles que produzem esses manuais, mas não mais empregadas, em função das transformações variadas pelas quais passam não só o português, mas todas as línguas do mundo.

É comum também que se coloque em polos opostos as formas faladas e as formas escritas. A fala seria, assim, informal, não planejada, sem edição e, entre enormes aspas, "não literária". Já a escrita seria o lugar do formal, do planejado, do editado e, também, desse "literário".

Essa divisão em polos distintos já foi, no entanto, questionada por estudos linguísticos. Um olhar alternativo a esse reconhece que fala e escrita fazem parte de um contínuo em que características que são muitas vezes atribuídas exclusivamente à fala também são características da escrita. Nessa mesma lógica, características atribuídas mais exclusivamente à escrita são também características que podem estar presentes na fala. Isso significa dizer que oralidade e escrita seriam entendidas como modalidades diferentes de uma mesma língua, heterogênea, multifacetada. Pense, por exemplo, em uma palestra: em geral, esse tipo de produção oral é elaborado previamente, muitas vezes incluindo um texto escrito que a acompanha. Temos aí uma fala mais planejada, mais pensada e, portanto, possivelmente mais formal e "editada". Não se trata de fala espontânea, que surge no ato de uma interação a partir de um estímulo imediato. Em contrapartida, quando você escreve uma mensagem rápida para uma amiga no WhatsApp, com pressa, sem revisar, temos aí uma escrita menos planejada. Assim, em vez de entender a escrita como o lugar de uma forma única, normativa, o berço exclusivo da norma-padrão, é mais realista entender escrita e oralidade a partir desse contínuo, em que as circunstâncias de produção e o gênero textual, entre outros fatores, contribuem para a consolidação das características da produção num momento específico.

Esse contínuo pode levar em conta o contexto de produção de um texto, a plataforma de distribuição e o público a que se destina. Essa configuração nos faz entender que minha lista de compras escrita desconsiderando o plural para os itens indicados ou uma legenda em uma rede social como o Instagram que ignore todos os pontos e use apenas vírgulas para garantir uma fluidez e "ansiedade" ao texto são possibilidades de uso da língua que não devem ser condenados: são formas que atendem ao que se propõem naquele contexto. Da mesma maneira, quando uma autora decide que um parágrafo de seu livro poderá se expandir por até duas páginas, em que as ideias vêm interpoladas por vírgulas e pontos e vírgulas, sem um ponto, ela está trazendo uma cadência e um ritmo para o texto que não devem ser questionados pura e simplesmente porque se escolheu não fazer uso de pontos. Para citar apenas um exemplo brasileiro, o livro *Memória de ninguém*,[4] de Helena Machado, faz uso recorrente desse recurso, mostrando o fluxo de pensamento de uma das personagens a partir de escolhas sintáticas e de pontuação que marcam a confusão. Não há "erros" ali: há, inclusive, várias normas dentro da tal norma.

---

[4] MACHADO, Helena. *Memória de ninguém*. São Paulo: Nós, 2022.

Voltemos, então, aos gêneros: se você deixa um bilhete para sua namorada ao sair de casa, esse bilhete pode ser identificado como uma mensagem direcionada a ela em função de características específicas – mas não estáticas – desse formato. Assim também será com a bula de remédio: ao buscar as informações sobre uma medicação que você precisa tomar, há uma expectativa ante a forma como as informações estão dispostas ali. Essas características são comuns às bulas. Outras características poderão aproximar a escrita de um artigo científico, de uma dissertação de mestrado ou de uma reportagem jornalística.

É importante que possamos consolidar esse entendimento e desmistificar os diferentes lugares que a escrita pode ocupar em nossas vidas – da lista de compras ao artigo acadêmico. Usamos no cotidiano diferentes gêneros textuais que demandarão diferentes recursos da língua. Esses usos serão aprendidos a partir do nosso contato com esses textos em diferentes espaços de aprendizado, incluindo aqui a escola e a universidade, mas não apenas nelas. Pense, por exemplo, na literatura de cordel, frequentemente chamada de "popular" (e aqui toda uma discussão sobre aquilo que é rotulado como "popular" ou "regional" poderia ser feita, mas, infelizmente, esse não é o objetivo deste livro). Ela se origina a partir de relatos orais, com estrutura característica, aprendida a partir da tradição oral – não da tradição escrita.

Assim, o que me parece estar no cerne da questão do "escrever bem" é a apropriação dos inúmeros recursos linguísticos que nos estão disponíveis (e aqui fiz questão de não usar o termo gramática, justamente para que não venha à mente a ideia das regras todas que não podem ser esquecidas) no processo de escrita. E observe o que digo: no *processo* de escrita. Quando a escritora Aline Valek insiste em dizer que é preciso "confiar no processo", ela reconhece que a escrita tem etapas, é parte de uma jornada que se desenrola ao longo do tempo. Isso implica dizer que seu primeiro texto não será necessariamente perfeito (há algum texto perfeito?) e essa "imperfeição" é parte do ato de escrever. E não só a imperfeição, mas também a hesitação, como pontuei anteriormente.

Ao ler o livro *Coisas que não quero saber*, de Deborah Levy,[5] a descrição do relato de uma entrevista da autora com a dançarina Zofia Zielińska me chamou a atenção. Zielińska menciona a hesitação como o centro da sua produção, da sua presença no palco. Ter consciência de que essa hesitação pode participar, também, da escrita nos ajuda a compreender a corda bamba da produção textual, em que a segurança quanto ao que estamos fazendo nem sempre está presente.

Mas como atravessar a hesitação e se apropriar dos recursos linguísticos? A observação e o estudo continuado são parte importante dessa jornada de constante aprendizado da língua. É preciso ter atenção aos seus usos em diferentes circunstâncias. Decorar regras e mais regras não fará a diferença se você não for capaz de reconhecer, na prática, como fazer uso dos recursos. Um bom compêndio gramatical,

---

[5] LEVY, Deborah. *Coisas que não quero saber*. Trad. Celina Portocarrero e Rogério Bettoni. São Paulo: Grupo Autêntica, 2017.

que reconhece mudanças na língua e apresenta exemplos variados e heterogêneos de uso, pode ser uma boa ferramenta de busca de formas e estruturas, tornando-se um livro importante de *consulta*, assim como também podem ser um dicionário e um dicionário de sinônimos.

As escolhas também poderão variar ao longo do tempo em nossa própria escrita. Isabel Allende, no relato que mencionei anteriormente do livro *Why We Write*, de Meredith Maran (2022), sinaliza o incômodo que sentiu ao reler seu livro *A casa dos espíritos* anos depois de sua publicação. Ela destaca o que passa a entender como excesso de adjetivos. No entanto, no período em que se dedicou a escrever aquele que foi seu primeiro livro de ficção, era assim que achava que o texto deveria ser. Não havia nada de "errado" ali.

Essa história – assim como a de tantas outras pessoas que dedicam suas vidas a escrever – nos mostra que o que fazemos enquanto estamos escrevendo é testar possibilidades num universo de recursos possíveis. E a graça em escrever está no fato de que sempre poderemos fazer uso de novas estruturas e formatos (e abrir mão de outros) a partir de novas referências que nos vão surgindo – e, é claro, a partir de "velhas" referências com as quais decidimos trabalhar depois do início de um projeto. Para isso, quanto mais nos desvencilharmos de um entendimento engessado de língua, mais "testes" nos permitiremos fazer e mais fluido o texto poderá se tornar ao longo do tempo.

Mais ainda, se pensarmos em um texto bem escrito a partir da premissa de uma gramática estanque e imutável, não seremos capazes de perceber o quanto as escolhas estilísticas estão relacionadas também ao contexto de produção em que um texto se insere, à persona que se está consolidando na escrita e ao gênero textual escolhido.

Neste ponto, imagino já estar claro que escrever bem não é necessariamente sinônimo de escrever fazendo uso da norma-padrão. Escrever bem pode ser sinônimo de uma multiplicidade de elementos, dentre os quais destaco aqui apenas alguns exemplos:

- pesquisar com atenção o tópico de interesse;

- encontrar as estruturas que atendem ao seu objetivo de escrita, reescrevê-las, repensá-las, reorganizá-las;
- elaborar cuidadosamente quem é o narrador da história;
- definir os limites e alcance do seu projeto – num dado contexto e para uma audiência específica.

Nesse sentido, claro está que para escrever bem é preciso estudar a língua, sem dúvida; no entanto, o que tenho tentado mostrar aqui é que estudar língua não é sinônimo de decorar regras aleatórias ou buscar um refinamento/lógica rebuscados a que a escrita deverá se submeter.

Fazer essa afirmação não implica ignorar o papel da norma – papel que, sabemos, é inclusive político. Embora cada vez mais eu questione esse papel relegado à norma em função das nefastas consequências de sua defesa em uma sociedade injusta, desigual e múltipla como a nossa, reconheço a importância de seu emprego em contextos variados. No entanto, a defesa de seu uso não deveria apartar do direito à escrita aqueles que, embora tenham o que dizer, são desconsiderados e invisibilizados porque não produzem seus textos a partir dessa norma que se quer única. E insisto, o emprego da tal norma (qual seria?) não garante um texto "bem escrito".

Um bom exemplo pode ser a análise de redações para o vestibular, recheadas de estruturas decoradas com vistas a mostrar o que se sabe, o que muitas vezes traz um tom artificial ao texto, quando do uso excessivo de articuladores como "em primeiro lugar", "não obstante", "destarte", "outrossim", entre tantos outros.

Usá-los não é sinônimo imediato de um texto bem organizado e coeso. Muitas vezes, no impulso de fazer uso desses recursos para garantir pontos em um processo seletivo, as escolhas são feitas sem que se pense de maneira cuidadosa sobre o texto em si, mas tendo como foco majoritário – e algumas vezes exclusivo – completar uma lista de requisitos supostamente requeridos para o bom desempenho naquele exame. E ainda que possa parecer óbvio fazer essa escolha, afinal, o objetivo em provas de vestibular é obter uma boa nota para garantir uma vaga na universidade, o que muitas vezes se ignora é que um texto bem organizado não significa necessariamente lançar mão de inúmeros articuladores para mostrar que se sabe que eles existem. É preciso saber em que pontos do texto empregá-los, se contribuem para a construção do sentido do trecho e do texto como um todo. É preciso também, como já mostramos aqui, entender a quem o texto se destina.

Exercício

Neste ponto, quero propor a você mais um exercício. Pegue lápis e papel (ou então abra um documento em branco na tela do seu computador). Considere o tema amplo "medo" e escreva sobre ele por cinco minutos corridos. Nesse exercício, o objetivo é que você siga escrevendo sem voltar para revisar o que já está no papel, ou na tela. A ideia é trazer o fluxo de pensamento para o texto, a partir da ideia central "medo". Se você preferir, claro, pode escolher outro mote para sua escrita. O que importa é não deixar o medo de estar escrevendo "incorretamente" impedir o fluxo da escrita.

Ao terminar os cinco minutos, não retome a leitura imediatamente. Deixe o texto "descansar" e volte no

»

dia seguinte, ou depois de algumas horas. Ao reler o que produziu, concentre-se primeiro em observar como as ideias foram articuladas, se o fluxo deve ser reorganizado para acomodar melhor suas impressões sobre o tema. Então, verifique se os plurais estão no lugar (e se tê-los no lugar é seu objetivo), os verbos e suas regências, e assim por diante. Você pode ter consigo uma gramática para ajudar nos ajustes que considerar necessários.

Em seguida, você pode oferecer o texto para leitura externa, de alguém em quem você confia. Quais impressões tem essa pessoa sobre o que você escreveu? Quais sugestões são feitas? Como você vê a primeira versão do seu texto a partir desses múltiplos olhares? Se escrever é um processo, eis aqui um exercício que poderá ajudar você a torná-lo menos doloroso na sua rotina de escrita. Vamos lá?

3.
As tensões da língua: questões de raça, classe e gênero

> Meu empenho naõ he mostrar a grande abundancia de vocabulos que a nossa lingua tem herdado como filha, da latina como mãy, he sim convencer a sem razão daquelles, que reconhecendo-a por filha legitima nas palavras, a querem fazer bastarda na Orthografia.
> **(João de Moraes Madureira Feijó, em seu livro de 1734,** *Orthographia, ou arte de escrever, e pronunciar com acerto a Lingua Portugueza*)

Em meados de 2021 um jornalista entrou em contato comigo, buscando minha

3. AS TENSÕES DA LÍNGUA

apreciação sobre um imbróglio que se desenrolava no universo literário com o lançamento da nova edição dos livros da autora Carolina Maria de Jesus. Naquele ano, as obras da escritora estavam sendo reeditadas, com a participação de Conceição Evaristo e Vera Eunice de Jesus – filha de Carolina – como coordenadoras do conselho editorial. Ambas mulheres negras com forte contato com a obra da escritora. O conselho era composto ainda por Amanda Crispim, Fernanda Miranda, Fernanda Felisberto e Raffaella Fernandez. A equipe editorial decidiu manter o texto majoritariamente como havia sido escrito, reconhecendo inclusive mudanças vocabulares e estruturais no texto de Carolina Maria ao longo do tempo, mudanças essas derivadas do contato continuado com a escrita e a literatura, nas distintas fases de vida da escritora e nos diferentes usos de língua trazidos por ela. Como bem pontua a nota sobre a edição de *Casa de alvenaria*, essa escolha não se deu de maneira aleatória: como escritora autodidata, tendo passado por apenas dois anos de escolarização formal, aquilo que muitos pontua(va)m como erros é reconhecido como marca significativa de autoria na produção escrita e na expressão literária de Carolina Maria de Jesus.[1]

Você pode imaginar, é claro, que dessa postura (bastante bem explicitada e fundamentada na nota explicativa da edição) surgiu certa "indignação" e vários questionamentos sobre a validade dessa escolha nos fóruns públicos do campo literário e de grandes jornais. Foi nesse contexto que entrou em contato comigo o jornalista que tentava entender se havia ali uma pauta. Dos debates públicos advindos muitas vezes daqueles que se colocam como guardiões do que seria uma dada língua portuguesa (e a gente poderia se perguntar logo aqui o que se entende como língua portuguesa nesses casos), é possível encontrar matérias que se perguntavam se não seria equivocado manter o texto como ele é quando, em outros tantos livros, a caneta do editor – e das

---

[1] Nota sobre esta edição. *In*: JESUS, Carolina Maria de. *Casa de alvenaria*. Volume 1: Osasco. São Paulo: Companhia das Letras, 2021.

determinações dos manuais das editoras – acaba podendo interferir em uma série de usos linguísticos presentes nos textos escritos e publicados mundo afora. Por que com Carolina Maria seria diferente, por que não se poderia "mexer" no seu texto?[2]

Ora, uma visita rápida à nota da edição poderia já responder a essas dúvidas e o tema se daria por encerrado (não, não se daria, que exagero da minha parte, são séculos de discussões de alguma maneira semelhantes acontecendo sem fim). Mas, evidentemente, não foi o que aconteceu. Artigos de opinião e matérias jornalísticas foram produzidos questionando a escolha. E se trago esse caso neste ponto do livro é para destacar – e exemplificar – o quanto a escrita, o texto e a língua são, antes de tudo, uma questão política, um espaço de tensão de forças, operando a partir de dinâmicas de poder que atuam inevitavelmente sobre

---

[2] REBINSKI, Luiz. Novas edições reacendem polêmicas sobre Carolina Maria de Jesus. *Rascunho*, 5 set. 2021. Disponível em: https://rascunho.com.br/noticias/novas-edicoes-reascendem-polemicas-sobre-carolina-maria-de-jesus. Acesso em: 20 nov. 2023.

eles. Todos os dias, desde quando se decidiu que este imenso pedaço de terra se chamaria Brasil.

Assim, é até redundante afirmar: não é de hoje que essas tensões se dão. Voltaremos a Carolina Maria de Jesus, mas antes disso atentemos à citação que trago no início do capítulo, extraída do livro *Orthographia, ou arte de escrever, e pronunciar com acerto a Lingua Portugueza*, escrito por João de Moraes Madureira Feijó, em 1734, e citado pelo professor Carlos Alberto Faraco em seu livro *História sociopolítica da língua portuguesa*.[3] O nome do livro de Feijó já nos convida a pensar nas tensões a que me referi antes: "arte de escrever e pronunciar com acerto a Lingua Portugueza". *Com acerto*. O livro do autor não é a primeira gramática do português; a história da primeira gramática nos leva ainda ao século 16. Mas esse trecho me chama a atenção por questionar usos ortográficos correntes naquele momento,

---

[3] FARACO, Carlos Alberto. *História sociopolítica da língua portuguesa*. São Paulo: Parábola Editorial, 2016.

ao pontuar que se busca fazer do português "língua bastarda".

Houve no Brasil muito questionamento sobre a escrita das palavras: se deviam seguir a lógica etimológica, do latim, ou seguir a lógica sônica. Essa é uma história comprida, e não é nosso objetivo discorrer sobre ela,[4] mas interessa mostrar o quanto, ao longo do tempo, foi sendo questionada – e imposta – uma dada forma de escrever, em detrimento de outras que iam surgindo. Buscava-se definir como escrever "com acerto".

Podemos viajar ainda para meados do século 19, quando diferentes autores da literatura brasileira, a partir de sua visibilidade além-mar, viram suas produções questionadas em função de suas escolhas linguísticas. Que língua é essa que usam? O que estão fazendo? Talvez o caso mais

---

[4] O livro do professor Carlos Alberto Faraco *História sociopolítica da língua portuguesa* traz um estudo minucioso das inúmeras questões envolvidas nas formas como a língua portuguesa foi se transformando ao longo do tempo. Fica o convite para essa leitura importante no campo da linguagem.

conhecido seja o de José de Alencar, mas há outros tantos escritores que, interpelados sobre seus usos da língua, buscavam caracterizar esse nosso português, criando até mesmo outros nomes para denominá-lo com vistas a nos distanciar do que seria o português de Portugal. O escritor Salomé Queiroga, por exemplo, em resposta de 1871 às críticas portuguesas, disse que escrevia "em linguagem brasileira" e "em luso-bundo-guarani".[5]

Estamos em meados de 1800, muito próximos de quando o Brasil atingiu o que seria a sua independência política oficial. É claro que isso não significou romper todo tipo de laço com Portugal, e embora os debates tenham se tornado públicos, como vimos nos dois exemplos anteriores, não havia necessariamente um movimento direto de reforma do português por parte desses escritores. Estava lá, no entanto, a disputa da língua diante das críticas que sofriam por

---

[5] BORBA, Lilian do Rocio. O modo brasileiro de dizer língua e nação. *In*: *Estudos Linguísticos*, v. 34, pp. 980-985, 2005.

3. AS TENSÕES DA LÍNGUA

escreverem de maneira distinta dos escritores portugueses da época.

Jornalistas, gramáticos, escritores. Eis os principais personagens dessas disputas. Com relação aos muitos jornalistas que discutiram – e discutem – questões de língua em suas publicações, estamos muitas vezes falando de formadores de opinião que defendem uma posição conservadora em relação à língua e, assim, se colocam como os guardiões de uma dada forma de escrever. São também aqueles que vão determinar como é que se aborda a questão nos debates públicos ao longo dos séculos, haja vista os embates trazidos a público sobre a escrita de José de Alencar, ainda no século 19, e as críticas às escolhas editoriais com relação à obra de Carolina Maria de Jesus, no século 21.

Assim, é interessante voltar nosso olhar para outros períodos da história para conhecer (e reconhecer) que, como as ondas que vão e vêm, as conversas sobre língua e aquilo que é permitido em espaços como os da literatura (mas não só dela) seguem como uma marca registrada da disputa (e tensão) – tantas vezes conservadora e elitista – em torno dos entendimentos sobre o que é a escrita e o que é o texto.

Pode parecer que são questões absolutamente apartadas – a da língua portuguesa desejada na literatura de escritores brasileiros do século 19 e a da língua portuguesa desejada nos escritos, por exemplo, de Carolina Maria de Jesus no século 20 (e 21) – e há sem dúvida um sem-fim de diferenças: estamos falando aqui de relações de raça, de classe e de gênero que atravessam também o nosso histórico colonial. No entanto, o imbróglio se vê aproximado quando uma parte da justificativa da crítica se concentra em torno da questão do "que língua é essa?", do que pode ou não ser dito de uma dada maneira.

Para mim, trazer essa discussão para o centro não implica sugerir que toda e qualquer pessoa deixe de fazer uso de uma dada norma em todo e qualquer projeto de escrita. Trata-se de colocar em perspectiva o fato de que não há apenas uma maneira – esta, idealizada – de escrever, e de escrever bem.

Quando lançado, o livro *Quarto de despejo*, de Carolina Maria de Jesus, ficou entre os mais vendidos, ultrapassando inclusive *Gabriela, cravo e canela*, de Jorge Amado.

No entanto, quando fala sobre a autora no livro *Literatura e resistência*, Alfredo Bosi dedica a ela apenas um parágrafo.[6] Muitos anos depois, Benjamin Moser, ao descrever uma imagem em que aparecem juntas Clarice Lispector e Carolina Maria, disse que Carolina "parece tensa e fora de lugar, como se alguém tivesse arrastado a empregada doméstica de Clarice para dentro do quadro".[7] No parágrafo, embora o autor pontue que Carolina Maria de Jesus é a autora do livro *Quarto de despejo*, "um angustiante livro de memórias da pobreza brasileira",[8] o foco do parágrafo está em comparar a postura das duas escritoras a partir da sua interpretação particular da foto e apontar, com isso, o

---

[6] Para um olhar aprofundado sobre algumas das discussões em torno da obra de Carolina Maria de Jesus, ver: PENTEADO, Gilmar. A *árvore* Carolina Maria de Jesus: uma literatura vista de longe. *In*: LITERATURA E PERIFERIA - Estud. Lit. Bras. Contemp. n. 49, pp. 19-32, set./dez. 2016. Disponível em: https://www.scielo.br/j/elbc/a/RLd6tQFZCtCRZJ68SN9PprS. Acesso em: 20 nov. 2023.

[7] MOSER, Benjamin. *Clarice, uma biografia*. São Paulo: Cosac Naify, 2009, p. 22.

[8] *Ibid.*, p. 22.

que seria a diferença entre as duas autoras: Clarice, diferentemente de Carolina, pareceria "uma estrela de cinema".[9]

A violência na descrição da imagem foi percebida pelos leitores e o trecho foi retirado de edições posteriores do livro, mas o exemplo nos mostra que, mesmo quando não se fala diretamente de escrita, está se falando de escrita (e de raça e classe), e do papel que ela ocupa a depender de quem se é, e de que língua se usa a partir de quem se é. Língua é identidade, e a escrita também é um espaço de revelá-la, reivindicá-la e, por que não dizer, condená-la. Além disso, o espaço que se dá a escritoras, mesmo que tenham publicado livros com recorde de vendas, pode variar em função de razões que ultrapassam o que é o livro em si, mas que têm a ver com questões de classe, raça e gênero que podem se "revelar" no texto.

Quando ressurgiu o debate sobre a questão de "corrigir" ou não os desvios de Carolina Maria de Jesus, um dos argumentos

---

[9] MOSER, Benjamin. *Clarice, uma biografia*. São Paulo: Cosac Naify, 2009, p. 22.

3. AS TENSÕES DA LÍNGUA

estava centrado na ideia de que não corrigir seria "fetichizar" e diminuir a importância do trabalho de Carolina Maria. No entanto, esse argumento parece ignorar que o problema não está no português empregado pela autora em seus livros, mas na maneira como ele é entendido – e também discutido e lido – dentro de uma lógica normativa que opera em todos os cantos. A escrita da escritora, como pontua o conselho editorial na nota da edição, passa também pela maneira como ela usa os recursos linguísticos. Excluir e/ou alterar essas formas seria modificar um elemento que é parte fundamental da escrita de Carolina Maria de Jesus.

Se as discussões em torno da questão literatura/gramática se pautassem nos termos propostos por Conceição Evaristo, escritora dedicada a pensar e trazer características da oralidade para a escrita (em vez de terem apontado de início que o que Carolina Maria faz é "cometer erros"), seria possível construir um entendimento de língua que impediria a fetichização por essa via. No entanto, bem sabemos, essa fetichização não acontece "apenas" em função da língua escrita nos textos de Carolina Maria.

A pobreza e negritude integram sua escrita e essa, durante muito tempo, não foi a regra nos escritos literários aceitos no cânone. No entanto, é fundamental lembrar que, antes de – e junto com – Carolina Maria de Jesus, outras escritoras estavam lá, como Maria Firmina dos Reis, escritora filha de mãe alforriada, considerada a primeira romancista negra brasileira, com *Úrsula*, seu primeiro livro publicado em 1859,[10] e Zeli de Oliveira Barbosa, escritora e empregada doméstica, autora do livro *Ilhota: testemunho de uma vida*,[11] que só foi publicado vinte anos depois do início de sua escrita, em 1993.

Neste ponto, penso, por exemplo, na ideia de "contralíngua" trazida pela escritora bell hooks em seu livro *Teaching to Transgress: Education as the Practice of Freedom* [em tradução livre, "Ensinando a transgredir: educação como prática de liberdade"],[12] ao discutir a

---

[10] REIS, Maria Firmina dos. *Úrsula*. São Paulo: Companhia das Letras, 2018.

[11] BARBOSA, Zélia de Oliveira. *Ilhota*: testemunho de uma vida. Porto Alegre: UE, 1993.

[12] hooks, bell. *Teaching to Transgress*: Education as the Practice of Freedom. Abingdon: Routledge, 1994.

3. AS TENSÕES DA LÍNGUA

língua inglesa usada por pessoas negras descendentes de escravizados. Essa língua, que mexe naquilo que supostamente não poderia ser mexido, é a de quem a toma para si para existir no mundo e se contrapor às lógicas dominantes, colonizadoras e excludentes.

Assim, cada vez que um jornalista, um crítico literário ou um membro da Academia Brasileira de Letras (ABL) delimita o que é a língua possível na literatura, tem continuidade uma longa tradição de engessamento do entendimento do que são língua e escrita, deste ou do outro lado do oceano. Tem também continuidade um projeto de exclusão e invisibilização de quem não se encaixa nos moldes do que é definido como aceitável nesses espaços. O que muitas dessas figuras formadoras talvez não reconheçam é que elas mesmas são parte da manutenção do engessamento e da busca por uma homogeneidade linguística que ignora as variedades linguísticas, múltiplas, presentes em nossa língua em função de distintos e inúmeros fatores. Sua presença também poderá ser notada na escrita, não apenas na oralidade, e esse acontecimento não diminui o que é a língua, tampouco o que é o texto ou a literatura.

Exercício

Neste capítulo, falamos bastante sobre a produção de Carolina Maria de Jesus e sobre as discussões em torno de sua escrita. Você conhece outros exemplos de autoras e autores que passam ou passaram por esse tipo de enfrentamentos na publicação de suas obras? Se tiver outros exemplos, o exercício aqui está em buscar contextualizar como são deflagradas as tensões para esse autor, autora ou autore que você identificou. Esse tipo de observação a partir do nosso repertório ajuda a compreender justamente os pontos que busquei abordar anteriormente ao trazer o exemplo de Carolina Maria de Jesus.

A oralidade na escrita

Ouvir o que essas tantas mulheres têm a dizer sobre os distintos desafios da escrita que "foge" à norma é fundamental para entendermos a força política e social que emana das produções textuais.

Observe, por exemplo, a questão das marcas de oralidade na escrita. Quando uma criança chega ao universo escolar, parte importante do aprendizado da escrita é o reconhecimento e retirada de marcas de oralidade das produções textuais para garantir a elas mais clareza e objetividade. Repetições continuadas de palavras, marcas de hesitação e continuadores que são comuns à fala, como "então", "aí" e "daí", perdem espaço na modalidade escrita. A própria segmentação gráfica do texto – assim como o emprego dos recursos de pontuação – precisa ser aprendida (e, pasmem!, nem sempre ao longo da história as palavras foram escritas todas separadamente em um texto, como vemos hoje, no caso do português). Eis o caminho que nos leva da modalidade oral à modalidade escrita.¹³ Está tudo bem: por se tratar de modalidades distintas, é importante reconhecer as características que delimitam as diferenças entre elas. No entanto, isso não significa que, a partir daí, toda e qualquer marca de oralidade deva ser banida das diferentes formas escritas, inclusive (e especialmente) na literatura.

Vejamos, por exemplo, o caso da escritora Conceição Evaristo. Em inúmeras ocasiões a autora reivindica o importante papel da oralidade na sua produção escrita.¹⁴ Para pontuar apenas um exemplo concreto, no conto "A gente combinamos de não morrer", em seu livro *Olhos d'água*, ela nos mostra

---

¹³ ELIAS, Vanda Maria; KOCH, Ingedore Villaça. *Ler e escrever:* estratégias de produção textual. São Paulo: Editora Contexto, 2008.
MARCUSCHI, Luiz Antônio. *Da fala para a escrita:* atividades de retextualização. São Paulo: Cortez, 2010.
¹⁴ SANTANA, Tayrine; ZAPPAROLI, Alecsandra. Conceição Evaristo – "A escrevivência serve também para as pessoas pensarem". *In: Itaú Social Agência de Notícias*, 9 nov. 2020. Disponível em: https://www.itausocial.org.br/noticias/conceicao-evaristo-a-escrevivencia-serve-tambem-para-as-pessoas-pensarem. Acesso em: 20 nov. 2023.

3. AS TENSÕES DA LÍNGUA

justamente a acolhida de uma marca da oralidade no texto escrito. "Curiosamente", ao sair do livro e ganhar inúmeras citações em diferentes espaços, a escolha estilística da autora pela concordância verbal em "a gente combinamos", corrente na linguagem falada no Brasil, foi, em diferentes ocasiões, alterada na busca por atender à norma-padrão. Houve ainda casos em que o verbo "combinamos" foi usado entre aspas.[15] Ainda que os estudos linguísticos revelem que esse emprego é corrente em diferentes variedades do português brasileiro, há aqueles que não mantêm a escolha da autora, alterando-a para a forma supostamente preconizada para a escrita.

Também Isabel Allende, em entrevista mencionada anteriormente neste livro, fala da importância da oralidade para sua escrita. Ainda que a autora reconheça as diferentes formas que emprega na produção textual (em relação à produção oral), ela

---

[15] Veja, por exemplo, a manchete deste artigo do jornal Correio Braziliense: https://www.correiobraziliense.com.br/opiniao/2020/11/4891823-a-gente-combinamos-de-nao-morrer.html.

espera que seus textos sejam lidos como se fossem parte de uma conversa entre amigas em um ambiente informal. Observe, com isso, o quanto a oralidade tem características que as autoras procuram reproduzir em seus textos para garantir os efeitos de sentido desejados.

Um dos "problemas" das sociedades centradas na escrita, como esta de que fazemos parte, está na associação direta entre a escrita e a intelectualidade, derivada do entendimento da relação entre a escrita e a normatividade. É parte de uma lógica recheada de preconceitos o entendimento de que "só pensa bem quem escreve bem", uma máxima que vemos circular quando nas eleições, por exemplo, há quem questione o direito ao voto de quem não é alfabetizado. Esse tipo de raciocínio, reforço, tão comum às sociedades centradas na escrita, tem como resultado uma dinâmica de disseminação de preconceitos marcadora da desigualdade em que vivemos: as práticas orais não são reconhecidas como veiculadoras significativas de conhecimento e sentido; essa veiculação estaria relegada exclusivamente à escrita. No entanto, não se trata

3. AS TENSÕES DA LÍNGUA

de qualquer escrita, mas daquela vinculada a uma norma retratada, como vimos anteriormente, como um conjunto de regras altamente idealizado, sem correspondência na língua em uso no momento presente da história. A língua falada caminha em passos mais rápidos que a escrita, e há alguns gramáticos que fazem questão de marcar um passo bastante lento, como reforço da diferença entre os que "bem escrevem" e os que não alcançaram essa competência.

Porém, é importante dizer, nenhum de nós faz uso dessa norma-padrão de maneira sistemática, atendendo a todo o seu conjunto de regras. Estamos o tempo todo – mesmo aqueles considerados parte de uma elite cultural – "escorregando" aqui e ali. Textos jornalísticos são um bom exemplo. É através da revisão e edição que os ajustes para o atendimento à tal norma se concretizam. Ou não. É comum encontrarmos "desvios" ao padrão em textos jornalísticos, o que nos mostra, uma vez mais, a fragilidade da tentativa de "controlar" a língua mesmo em ambientes mais monitorados.

Exercício

Aqui, proponho mais um exercício de leitura e observação: em que gêneros textuais você encontra formas mais próximas da oralidade? Quais formas você encontra mais corriqueiramente? Faça uma lista de até cinco gêneros, se conseguir.

O feminino genérico

Eu me lembro de um relato da linguista, professora e pesquisadora Carmen Caldas-Coulthard. Ao submeter um de seus livros para publicação em uma editora de São Paulo, teve sua proposta negada. Na ocasião, a autora optou por fazer uso do feminino genérico, alternativa ao uso do masculino genérico. Em uma das respostas do editor, leu que a escolha poderia resultar em "enunciados difíceis de aceitar, como se os homens tivessem deixado de existir".[16] Como a própria autora aponta, o editor não parece ter questionado nem por um instante o uso continuado do masculino genérico, mas se incomodou com o uso do feminino.

Para que fique claro do que estamos falando: o masculino genérico corresponde ao uso da forma masculina dos substantivos para denotar, de maneira genérica, tanto o masculino quanto o feminino. De acordo

---

[16] O artigo completo da autora, intitulado "Caro colega: exclusão linguística e invisibilidade" pode ser acessado aqui: https://dialnet.unirioja.es/servlet/articulo?codigo=2547161.

com essa regra, em uma frase como "os membros da comunidade decidiram fazer a festa junina no dia 27 de junho", "os membros da comunidade" denotaria quaisquer pessoas, não apenas membros homens. A escolha da pesquisadora brasileira, derivada da consciência sobre o caráter político da linguagem, parece ter tido importantes implicações em função justamente de buscar subverter a lógica corrente. Por que não seria possível? Por que não se pode "trair" uma norma que, durante tanto tempo, foi a única a perdurar a partir de entendimentos de uma sociedade em que o homem ocupava o lugar central (e único)? Além disso, por que não questionar a norma e compreender de que lugar ela surge?

Há alguns anos tive contato com um texto da linguista americana Ann Bodine, em que ela investiga os usos do masculino genérico na história da gramática da língua inglesa: o que ela encontra são inúmeros trechos de autores, ao longo da história, que justificam o uso do masculino genérico não em função de alguma questão intrínseca à língua, mas da observação dos autores de que o homem seria a figura mais importante naquele

3. AS TENSÕES DA LÍNGUA

momento da história. Sim, é isso mesmo que você leu. Diferentes gramáticos defendiam, de acordo com a pesquisa de Bodine, que os homens eram mais importantes e, por isso, se deveria usar o masculino na generalização de homens e mulheres.

No português brasileiro, a explicação corrente para o uso do masculino genérico vem também sendo questionada a partir de estudos que ponderam sobre a recursividade da explicação.[17] Trocando em miúdos: uma das correntes explicativas mais tradicionais considera que o masculino, em português, seria uma forma "não marcada", ou seja, as formas masculinas não seriam marcadas por gênero. Quase uma pegada Adão e Eva da linguagem: o gênero se manifestaria apenas nas formas femininas, com terminação em -a. Por isso, o masculino seria usado como genérico. A partir dessa explicação, a recursividade: o masculino é não-marcado e por isso é o genérico, e o masculino é o genérico porque é o não-marcado. No entanto,

---

[17] Sobre isso, veja, por exemplo, os trabalhos do pesquisador Guilherme Mäder.

perspectivas que se dedicam a apontar os problemas do uso do masculino genérico têm justamente buscado mostrar o quanto, historicamente, há muito do social envolvido no que se quer apenas "gramatical". É o caso, por exemplo, do estudo de Ann Bodine sobre o inglês, apresentado anteriormente.

Além disso, uma série de estudos tem mostrado que a costumeira frase "ao usar o masculino genérico entende-se que está se falando de todos" não necessariamente procede: experimentos[18] têm apontado que o masculino genérico é interpretado apenas como masculino – ou prioritariamente como

---

[18] A percepção sobre o genérico tem sido alvo de inúmeros estudos. Veja, por exemplo, os estudos de REDL, Theresa; FRANK, Stefan L.; SWART, Peter de; HOOP, Helen de. The male bias of a generically-intended masculine pronoun: Evidence from eye-tracking and sentence evaluation. In: PLOS ONE 16(4), abr. 2021. Disponível em: https://journals.plos.org/plosone/article?id=10.1371/journal.pone.0249309. e GYGAX, Pascal; GABRIEL, Ute; SARRASIN, Oriane; OAKHILL, Jane; GARNHAM, Alan. Generically intended, but specifically interpreted: When beauticians, musicians, and mechanics are all men. In: Language and Cognitive Processes, 23:3, 464-485, 18 mar. 2008. Disponível em: https://www.tandfonline.com/doi/abs/10.1080/01690960701702035.

3. AS TENSÕES DA LÍNGUA

masculino – em diferentes culturas e línguas. Essa é uma discussão acalorada, para a qual não pretendemos aqui trazer uma resposta final. Mas interessa mostrar o quanto verdades que parecem sólidas e estabelecidas, na verdade, estão passíveis de questionamentos, reflexões e, sem dúvida, contraposições.

Assim, o que há de tão estático na escrita formal que a impediria de acolher essas "novas" escolhas? Sabemos que a resposta aqui não está no texto em si, como uma entidade "natural", mas na maneira como se determina, uma vez mais, o que pode ou não estar na escrita a partir da disputa de forças variadas. Não se trata de uma característica intrínseca à produção textual, mas de uma lógica defendida – e monitorada – para a escrita.

Insisto, com isso, na pergunta: por que não seria possível subverter as dinâmicas da escrita estabelecidas por regras que vêm sendo estudadas e, a partir disso, questionadas? Escrita, como eu disse anteriormente, é também um lugar de identidade e, assim como os diferentes traços de oralidade podem ser trazidos para a escrita para abarcar essas identidades, a escolha de formas como o feminino genérico também pode sê-lo.

Exercício

Você, aí do outro lado, já se deparou com textos escritos no feminino genérico? Em suas próximas leituras, proponho um exercício: procure identificar os casos em que o feminino genérico é empregado, em especial no jornalismo.

Quer uma dica? Curiosamente, embora o masculino genérico costume ser a marca dos textos jornalísticos (afinal de contas, é a norma!), ao mencionar profissões como a enfermagem, é provável que você encontre o feminino genérico, não o masculino. Então, pergunte-se: por quê? Para além desses exemplos, em quais outros textos você se depara com o feminino genérico e qual o papel dele no texto?

A linguagem não binária

O ano é 2023. Eu olho para pessoas conversando na mesa ao lado, na cafeteria para a qual decidi me deslocar para seguir a escrita deste texto, justo nesta seção, em que falarei sobre a linguagem não binária, também conhecida como linguagem neutra. Enquanto olho ao redor, penso na melhor maneira de apresentar esse tema na relação que ele estabelece com a norma e o texto.

Minha vontade primeira é dizer "é um tema delicado, menina, você precisa ver o rebuliço que as pessoas fazem na internet para falar sobre ele. Tem deputado e vereador até tentando impedir (ou já impedindo) discutir a questão em sala de aula". É então que lembro que neste livro não há deputado ou vereador tacanho que mande e, por isso, posso falar dessa tensão que reverbera também na língua e no texto.

A linguagem não binária corresponde a um conjunto variado de formas que se desloca da binariedade de gênero feminino-masculino, a partir de formas outras empregadas quando se está falando de pessoas. Atenção: pessoas. O objetivo é incluir na língua formas que sejam mais agregadoras a quem não se identifica a partir da lógica binária feminino-masculino. Trata-se de um sistema ainda em desenvolvimento; há algumas possibilidades tanto de pronomes quanto de terminações de palavras sendo usadas no português brasileiro. Em 2023, vemos circulando "-x", "-@" e "-e" no final de substantivos e adjetivos. Assim, junto ao "bem-vindas" e "bem-vindos", vem sendo incluídas as formas "bem-vindxs", "bem-vind@s" e "bem-vindes".

Como a língua é sinônimo de continuada transformação, muitas têm sido as reivindicações para que se use apenas a forma "bem-vindes" (e não mais "bem-vindxs" ou "bem-vind@s"), o que se observa cada vez mais em diferentes gêneros textuais: tanto naqueles mais formais, como campanhas publicitárias e textos acadêmicos, quanto naqueles mais informais, como conversas em redes sociais.

Um sem-fim de afirmações equivocadas sobre o tema vêm sendo proferidas em diversos espectros políticos e é preciso combatê-las. As formas não binárias não substituem ou negam os usos correntes do feminino ou masculino; não negam, na língua ou fora dela, a existência das manifestações

3. AS TENSÕES DA LÍNGUA

de gênero dentro da binariedade, ou seja, mulheres e homens que se identificam no espectro feminino-masculino continuam fazendo uso das formas linguísticas que representam essa lógica. O que se tem, na verdade, é a tentativa de abarcar na língua as identidades que não se veem acolhidas pelas formas presentes. Ou seja, aquela piadinha em que se usa o neutro em toda e qualquer palavra, mesmo naquelas que não têm nenhuma relação com seres humanos, além de boba, não faz sequer sentido.

Ao mesmo tempo, é importante entender os desafios de seu uso em línguas como o português, em que o gênero "se espalha" em substantivos, pronomes, adjetivos, artigos. Isso significa que é preciso propor um conjunto de mudanças em função das características da nossa língua. Não sabemos quais dessas formas se manterão, ou mesmo se se manterão. O que temos, no presente, é o uso variado em diferentes contextos, inclusive na tradução de livros escritos em outras línguas e que fazem, em suas línguas de origem, o uso de formas não binárias. Ou seja, trata-se de um fenômeno mundial: falantes do inglês, alemão, espanhol e mandarim

– para citar apenas alguns exemplos – vêm propondo essas inclusões em suas línguas.

Há uma série de complexidades em seu uso que nos impedem, como linguistas, de determinar se elas se consolidarão por completo nas línguas e de que forma o farão. As formas em que a declinação vem acontecendo com mais regularidade são os substantivos. Caso você se depare com um texto que faz uso da forma "menine", você já sabe: é uma forma não binária, em disputa no campo das tensões da língua e também, claro, da sociedade. Em um mundo em que se invisibiliza e violenta pessoas de identidades trans, a busca pela visibilidade na língua é uma demanda significativa (mas não a única).

Se quiser fazer uso do recurso em contextos de escrita formal, você precisará tomar uma série de decisões linguísticas para manter a unidade do seu texto.[19] É aqui que

---

[19] Veja, por exemplo, o artigo científico de Lau e Sanches (2019), que não só discute a questão como também faz uso da linguagem não-binária.

LAU, Heliton Diego; SANCHES, Gabriel Jean. A linguagem não-binária na língua portuguesa: possibilidades e reflexões making herstory. *Revista X*, [S.l.], v. 14,

está o desafio: por se tratar de formas em variação, há diferentes possibilidades de uso, porque ainda não há uma escolha homogênea. Além disso, como apontei anteriormente, o gênero em português não fica restrito aos substantivos, assim a flexão nas diferentes palavras pode ser complexa porque ainda se está a pensar como fazê-lo. No entanto, em razão da maior presença de pessoas não binárias em círculos variados de escrita, trazendo suas histórias, essas formas começam a circular mais, o que também contribuirá para que diferentes soluções e sugestões sejam trazidas e acolhidas.

É o caso da discussão que vem sendo promovida em grupos de tradução e escrita que procuram se afastar da lógica binária feminino-masculino para além da linguagem não binária na produção textual. Em 2023, por exemplo, foi traduzido para o português o livro *O desafio dos semideuses*, escrito por uma pessoa não binária, Aiden Thomas. No

---

n. 4, pp. 87-106, set. 2019. Disponível em: https://revistas.ufpr.br/revistax/article/view/66071. Acesso em: 20 nov. 2023.

livro, foi preciso trazer para a estrutura da língua portuguesa a correspondência daquilo que foi proposto pele autore[20] em sua escrita em inglês. E aqui temos uma questão linguística interessante: em inglês os substantivos não declinam em gênero; assim, quem traduz e edita em línguas que têm flexão de gênero em nomes (como em português) ou verbos (como em alguns casos no russo) precisa buscar alternativas de como lidar com essas estruturas na tradução. Conforme essas ocorrências vão surgindo, os espaços que têm papel na "regulação" indireta da língua, como as editoras, vão buscando os caminhos para abarcar o emprego das formas em textos escritos. É importante, portanto, no planejamento do seu texto, caso pretenda fazer uso desses recursos, ter uma conversa com quem supervisiona e acompanha seu trabalho, para garantir que há um entendimento dos envolvidos na escrita do projeto fazendo uso das diferentes formas.

---

[20] Observe que aqui estamos empregando a estrutura não binária em uso corrente hoje no português, com término da palavra em "e" quando há flexão de gênero -a e -o no final de substantivos relacionados a pessoas.

Exercício

Agora que você sabe como se estruturam as formas não binárias, proponho aqui também um exercício de observação e escrita. Primeiro, busque em textos variados como se dá o emprego dessas formas. Observe como você as utiliza: a linguagem não-binária surge como alternativa ao masculino genérico? Apenas em palavras específicas? Quais pronomes estão sendo utilizados e em que contexto? Faça uma lista para entender as manifestações concretas desses usos e defina se há um padrão. Como você construiria seu texto abarcando essas formas? Em seguida, escreva um parágrafo fazendo uso delas, a partir dos exemplos de uso que você analisou em sua pesquisa. Para orientar melhor o exercício,

»

» você pode acessar um dos inúmeros manuais com orientações para o uso da linguagem não binária.[21] Como você construiu seu texto abarcando essas formas?

---

[21] CAÊ, Gioni. Manual para o uso da linguagem neutra em Língua Portuguesa. UNILA, 2020. Disponível em: https://portal.unila.edu.br/informes/manual-de-linguagem-neutra/Manualdelinguagemneutraport.pdf. Acesso em: 20 nov. 2023.

3. AS TENSÕES DA LÍNGUA

Neste capítulo, eu me concentrei em mostrar algumas das tantas tensões que podemos encontrar na língua. De maneira mais ampla, trouxe o aspecto da oralidade, presente na escrita de tantas autoras e autores mundo afora, mas trouxe também dois exemplos da discussão de gênero nas línguas que vem sendo trazida para os textos escritos já há vários anos.

Esse é um debate longo, para o qual trouxe apenas alguns elementos na tentativa de ilustrar o quanto a escrita não é homogênea e o quanto temos um longo caminho a percorrer para que leitores e críticos não fiquem de boca aberta perante as mudanças que se manifestam explicitamente diante de seus olhos em suas leituras.

Considerando as diferentes dinâmicas de opressão que se manifestam também na língua, conhecer movimentos que promovem mudanças variadas em textos escritos nos permite, uma vez mais, entender que a língua e o texto mudam. Isso não implica afirmar que tudo no texto muda, não é isso que está em questão. Muitas vezes as mudanças acontecem aos poucos, ao longo do tempo, como também vimos aqui.

Indivíduos e grupos que escrevem na tentativa de se desvincular da norma têm de lidar com essa visão ainda hegemônica de língua como algo estático e predeterminado como um todo. Em diferentes circunstâncias, o que se vê são respostas que oprimem e disseminam violência e preconceito. Aqueles que têm esse tipo de postura ignoram que muitas das regras às quais se apegam fortemente hoje foram, no passado, entendidas como desvios da língua. Aqui, deixo um recado: língua é mudança, e escrita também o é, não nos esqueçamos disso.

4.
Caixinha de ferramentas: alguns recursos essenciais da língua

> "(...) na minha cabeça vou deslocando as vírgulas, trocando um verbo por outro, afinando um adjetivo. Muitas vezes escrevo mentalmente a frase perfeita e volta e meia, se não a anoto a tempo, ela me escapa da memória."
> **Rosa Montero,** *A louca da casa*

Pode parecer contraditório trazer um capítulo em que vai se apresentar e discutir uma série de recursos linguísticos da composição do texto, tendo em vista que falamos tanto sobre a questão da norma e do quanto ela se impõe tantas vezes negativamente nos textos. Mas é justamente por nos vermos "confinados" a uma lógica tão normativa que é preciso falar sobre os inúmeros recursos que nos estão disponíveis no ato de escrever.

Há uma distinção importante entre 1) reconhecer os usos que se faz no presente e a relevância deles para um projeto de escrita; e 2) considerar a norma idealizada e distante da concretude dos textos como a única possibilidade de escrita. Neste livro, a proposta fundamental é reconhecer os diversos caminhos que nos levam à escrita e como esses caminhos podem se dar de maneiras muito distintas, acessando "normas" bastante diversas, relacionadas a cada projeto único de dizer. É como nos descreve Rosa Montero: trata-se da "afinação" do uso de uma gama ampla de recursos.

Pensemos, por exemplo, em "mas", "porém", "todavia", "contudo", "no entanto". É uma lista de conjunções que eu decorei ainda na escola. Com você também foi assim? Nunca mais as esqueci. A princípio, o objetivo era poder conhecer a diversidade de recursos disponíveis para construções adversativas, mas a "decoreba" veio da necessidade de ter o meu conhecimento sobre as conjunções avaliado, posto à prova. Também não me esqueci de "se eu vou A e volto DA, crase há; se eu vou A e volto DE, crase pra quê?". Aprender as regras de uso da crase foi um verdadeiro tormento. E quando penso nas redações que eu escrevia na escola, sempre me vem à mente a avaliação. A escrita, inúmeras vezes, tinha apenas um destino: a nota. A professora era leitora e avaliadora da norma ao mesmo tempo, muitas vezes apenas leitora-avaliadora, porque não havia tempo hábil para seguir explorando as possibilidades de reorganização textual em meio às inúmeras atividades requeridas para que aprendêssemos tudo de que precisávamos para seguir em frente no ano escolar.

Já adulta, as avaliações podem seguir sendo parte da escrita, seja porque você a utiliza no trabalho e pode ser julgada pelas escolhas que faz, seja porque escreve mensagens nas redes sociais que são "corrigidas" até mesmo por completos desconhecidos. Quando temos nossa escrita vista em termos normativos e, com isso, tão avaliativos, pode ser que nos sintamos menos compelidas a desbravar o universo do escrever, testar formatos e recursos.

Em vez de pensar – e produzir – textos a partir da lógica avaliativa e normativa, em que é preciso encaixar este e aquele elemento para mostrar o que se sabe, prefiro entendê-los a partir de seus movimentos:[1] ora apresentamos um novo elemento, ora revisitamos algo que foi dito previamente. Nesse vaivém, temos a possibilidade de contrapor, adicionar, equivaler ideias, entre outras tantas formas de articulação de informações que vão se equilibrando em um texto.

Tais movimentos se dão com o uso de recursos linguísticos que serão escolhidos a partir do nosso conhecimento sobre eles num dado momento da nossa trajetória e do projeto de texto que nos propusermos a desenvolver. Escreveremos um conto? Um relatório técnico? Uma poesia? Apresentaremos diferentes argumentos em uma sequência que, juntos, serão usados para provar um ponto? Quem escreve e assina o texto, como se apresenta e quais estruturas

---

[1] Ingedore Koch, linguista brasileira, fala sobre os movimentos de retração e progressão dos textos em diferentes trabalhos.

sintáticas escolhe empregar? São inúmeros os aspectos que podem ser abordados quando pensamos nos recursos coesivos e nos aspectos atrelados à coerência de um texto. Não tenho aqui a pretensão de falar sobre todos eles, o que seria impossível no espaço proposto para esta nossa conversa, mas trago a seguir alguns exemplos que podem nos ajudar a pensar (e desbravar) nossa escrita. Trago trechos de textos de diferentes formatos, ficcionais e não ficcionais, justamente para mostrar que cada texto demanda de nós a observação de como usamos os recursos todos que nos estão disponíveis.

"Como é que chama o nome disso?"[2]

É possível que você também se lembre: na escola, quando um tema era definido para a escrita – digamos, "poluição no Brasil" –,

---

[2] O NOME disso. Intérprete: Arnaldo Antunes. *In*: NINGUÉM. Rio de Janeiro: Sony, 1995. CD, faixa 3.

um grande desafio se avizinhava: como falar sobre "poluição no Brasil" sem repetir, o tempo todo, a palavra "poluição"? Talvez uma das primeiras lições de quando se estuda escrita para o vestibular seja justamente evitar a repetição de vocabulário para mostrar que se tem um bom conhecimento das palavras do dicionário. Então, um nome deve ser substituído por outros, seus sinônimos, ou seja, palavras que teriam sentido semelhante. Foco no "semelhante": há sempre outros sentidos agregados nas palavras que vamos empregando no caminho.

O uso dos sinônimos contribui para o movimento do texto: depois de uma primeira menção a um nome que nos apresenta um dado tema, os sinônimos nos permitem voltar ao que foi trazido anteriormente, com formas que vão, ainda, acrescentar nuances de sentido. Da mesma maneira, os pronomes também podem cumprir esse papel de retomada em diferentes momentos e nós, muitas vezes, fazemos uso desses recursos sem sequer percebermos. O problema está em quando nos concentramos na preocupação com a tal "repetição" e acabamos por tornar o texto vago ao tentar desviar o tempo todo da palavra que, supostamente, não deve ser repetida, na busca por sempre inovar em uma nova menção a ela. Assim, na escrita, é preciso observar a maneira como você está se referindo a elementos importantes que já foram mencionados anteriormente. Como estão sendo resgatados? Qual a conexão de sentido entre as palavras que estão sendo empregadas?

Além disso, é fundamental ter em vista que a escolha dos nomes para tratar de um assunto sustenta a lógica argumentativa dos textos (no caso de um texto não ficcional – jornalístico, por exemplo), ou a caracterização de personagens (no caso de um conto ou romance). Eu gosto de um breve exemplo comparativo que conheci no livro *A coesão textual*, escrito pela professora Ingedore Koch.[3] As sentenças são:

1. Reagan perdeu a batalha no Congresso. *O presidente dos Estados Unidos vem sofrendo sucessivas derrotas políticas.*

---
[3] KOCH, Ingedore Villaça. *A coesão textual*. São Paulo: Editora Contexto, 1989.

2. Reagan perdeu a batalha no Congresso. *O cowboy do faroeste americano* vem sofrendo sucessivas derrotas políticas.

Para entender a implicação das diferentes escolhas para o sentido das sentenças, é importante saber que Ronald Reagan foi presidente dos Estados Unidos, mas, antes disso, foi ator de cinema. Nos trechos apresentados, o movimento de volta a uma ideia expressa anteriormente é feito a partir de escolhas distintas: em 1, temos Reagan referenciado como "presidente dos Estados Unidos"; em 2, como "cowboy do faroeste americano". Há uma diferença significativa de sentido quando se escolhe chamá-lo de "presidente" ou de "cowboy" em um trecho que se dedica a apresentar sua atuação como presidente, informando que ele "perdeu a batalha no Congresso". É possível que o uso de "cowboy" seja feito, por exemplo, para ironizar – e diminuir – a posição ocupada pelo presidente ao referenciá-lo como um dos personagens que interpretou no cinema. Uma escolha dessa natureza faz parte do desenvolvimento do projeto de texto de quem escreve: ao falar sobre as conquistas e/ou falhas de um governo, como se escolhe apresentar seu principal representante?

Pense, por exemplo, no conhecido editorial do *Estadão* "Uma escolha muito difícil",[4] sobre o segundo turno das eleições de 2018, publicado em outubro de 2017. Ao buscar retratar características profissionais e planos de governo dos dois candidatos à presidência naquele momento, Fernando Haddad (PT) e Jair Bolsonaro (à época, PSL), o jornal chama Bolsonaro de "apologista da ditadura", "ex-capitão" e "ele", enquanto chama Haddad de "preposto de um presidiário", "porta-voz daquele presidiário" e "um regra-três". Aqui é interessante pensar no peso que se dá, na nossa sociedade, às informações trazidas por esses nomes escolhidos. "Ex-capitão" faz referência ao cargo que Bolsonaro já ocupou, enquanto não se faz nenhuma menção à profissão de Haddad. O candidato de esquerda é constantemente colocado como coadjuvante,

---

[4] É possível ler o texto aqui:
https://www.estadao.com.br/opiniao/uma-escolha-muito-dificil.

"preposto", "porta-voz" ou "regra-três", e Lula, ex-presidente do país, é referenciado apenas como "presidiário". Ainda que Bolsonaro seja chamado de "apologista da ditadura", outras informações sobre essa relação não são repetidas ou reforçadas. No texto, claro, outros elementos são importantes, mas é interessante pensar como se escolhe nomear e referenciar os protagonistas do "embate" político.

O parágrafo que começa a apresentar o que seria o plano de governo de Bolsonaro é introduzido por "no caso de Bolsonaro" e, em seguida, são trazidas as vagas informações sobre o possível plano, com destaque para a apresentação de Paulo Guedes, economista, como assessor do candidato. Segue um parágrafo de destaque a Paulo Guedes:

> Mesmo Paulo Guedes, porém, foi bastante vago sobre os planos de governo, que mencionam genericamente um feroz plano de privatizações e a redução do tamanho do Estado. Quando Paulo Guedes inadvertidamente citou a possibilidade de ressuscitar a CPMF – o famigerado imposto do cheque –, foi prontamente desautorizado por Bolsonaro, que lhe

ordenou silêncio absoluto até o final da campanha.⁵

Para entender a centralidade de Guedes no texto, é importante reconhecer a importância dada pelo jornal ao aspecto econômico liberal, com o qual Paulo Guedes parece se afiliar. No caso de Haddad, o parágrafo que introduz a apresentação do que seria o plano de seu governo começa por "Já as propostas do campo lulopetista", sem apresentação do nome do candidato, mas sim do "campo lulopetista" ao qual ele se afiliaria, com destaque para Lula, que teria sido candidato caso não tivesse sido preso. Nesse ponto do texto o candidato é chamado de "regra-três", uma maneira de apontá-lo como coadjuvante da própria campanha.

> Já as propostas do campo lulopetista são bem conhecidas de todos, pois foram essas ideias que lograram mergulhar o País

---

⁵ UMA ESCOLHA muito difícil. *Estadão*. São Paulo, 8 out. 2018. Disponível em: https://www.estadao.com.br/opiniao/uma-escolha-muito-dificil. Acesso em: 21 nov. 2023.

numa profunda crise econômica, política e moral. Como não pôde se candidatar pela sexta vez à Presidência, por ter sido pilhado em grossas malfeitorias com dinheiro público, Lula da Silva viu-se obrigado a encontrar um regra-três. A escolha recaiu sobre Fernando Haddad, que docilmente cumpre o papel de porta-voz daquele presidiário, num aviltamento grosseiro do processo eleitoral. Todos os movimentos da campanha são planejados de dentro da cela de Lula da Silva na Polícia Federal em Curitiba – e até o programa de governo apresentado por Haddad se chama 'Programa Lula'.[6]

A escolha dos fatos a destacar sobre as propostas e seus protagonistas, a ordem em que as informações aparecem, os verbos e advérbios também constroem o sentido e são escolhidos a dedo para compor o texto. Aliadas a esses recursos, as formas de

---

[6] UMA ESCOLHA muito difícil. *Estadão*. São Paulo, 8 out. 2018. Disponível em: https://www.estadao.com.br/opiniao/uma-escolha-muito-dificil. Acesso em: 21 nov. 2023.

4. CAIXINHA DE FERRAMENTAS

nomeação dos candidatos são importantes marcadores para levar o leitor a pensar qual seria o candidato "menos pior"[7] para assumir a presidência. Tais escolhas ajudam a apontar não só o caminho argumentativo traçado no texto como também, e principalmente, a postura ideológica do jornal ante o cenário discutido no editorial.

Da mesma maneira, em um texto ficcional, a escolha de como se referir a uma personagem pode mostrar, por exemplo, a perspectiva que o narrador (ou uma outra personagem) quer imprimir sobre ela. Claro, essa escolha recai não apenas sobre pessoas, mas sobre quaisquer seres animados ou inanimados a que nos referimos num texto. Vejamos, por exemplo, um breve trecho do livro *A palavra que resta*, do escritor Stênio Gardel:

> Uma carta inteira. Uma palavra seguindo a outra, quantas palavras? Mandar

---

[7] O título do editorial é "Uma escolha muito difícil" porque os autores defendem, justamente, se tratar de uma disputa em que os dois candidatos não seriam, na perspectiva do jornal, os melhores para a disputa.

carta para uma pessoa que não sabia ler, só sendo. A ponta do lápis pairou acima da linha. O próximo nome tinha escrito a carta cinquenta e dois anos antes. Ao lado do caderno, o envelope encruado, sempre fechado. Raimundo não deixou ninguém ler e envelheceu com o desejo de saber o que ela diz crescendo dentro dele. Feto idoso, rebento tardio. A carta guardava uma vida inteira.[8]

Esse trecho aparece logo no início do livro, quando nos é apresentada a carta que Raimundo recebeu e não leu. "Carta" é referida de diferentes maneiras, inclusive como "carta". Vejamos: "uma carta inteira", "carta", "a carta", "ela", "feto idoso", "rebento tardio", "a carta". Poderíamos indicar ainda "o envelope encruado", que nos remete também à carta.

Mas eu gostaria de me concentrar nos elementos "feto idoso" e "rebento tardio". Observe que "feto" e "rebento" não são

---

[8] GARDEL, Stênio. *A palavra que resta*. São Paulo: Companhia das Letras, 2021, p. 12.

palavras que nos levam diretamente a pensar em "carta", mas a sequência narrativa nos faz compreender que se trata dela. O desejo de saber o que ela diz "cresce" dentro dele, feito um "feto idoso", um "rebento tardio". A analogia é marcante e está conectada ao que vem em seguida, quando o narrador diz que a carta guarda "uma vida inteira". A vida, o feto, o rebento, a carta. Os movimentos de idas e vindas do texto. Tais associações são construídas com o suporte das escolhas nominais que vão se consolidando pelo caminho. Por isso, fórmulas definidas de escrita não são necessariamente úteis. Não é preciso que as relações entre partes de um texto sejam óbvias: importam as conexões que vão se estabelecendo pelo caminho.

A citação pode nos ajudar ainda a pensar sobre a questão da repetição, que mencionei no início do capítulo. Questionada em manuais de escrita, seu emprego não deve ser simplesmente condenado. É preciso entender seus usos nos diferentes gêneros textuais e os efeitos de sentido que carregam. Neste trecho, a palavra "carta" aparece em vários momentos, sem que haja qualquer prejuízo na construção do projeto. Ao contrário: em combinação com as escolhas das estruturas sintáticas, elas dão corpo ao texto. No início do parágrafo, por exemplo, com uma sentença composta apenas pela estrutura nominal "uma carta inteira", temos o anúncio do objeto, que pode trazer um tom de suspense, de tensão. Em seguida, uma sentença que remete à oralidade traduzida em pensamento "mandar carta para uma pessoa que sabia ler, só sendo", como quem reclama da atitude de quem a enviou. Em seguida, surge "a carta", que posteriormente não será repetida pelo uso da elipse em "Raimundo não deixou ninguém ler [a carta]" e vai aparecer uma vez mais no final do parágrafo em "a carta guardava uma vida inteira". São todas menções que vão se refazendo e reconstruindo à medida que outros elementos vão se agregando a elas. A repetição dá o compasso da narrativa no trecho. É uma marca do ritmo imposto para mostrar a importância dela.

Quando trago aqui exemplos do processo de escolhas referenciais num texto, ou seja, de como se vai chamar algo a que nos referimos na escrita, é importante lembrar

4. CAIXINHA DE FERRAMENTAS

uma vez mais que estamos falando de movimentos de idas e vindas. Esses movimentos nos permitem repetir o uso de um mesmo termo e causar, com isso, diferentes impressões. Também nos permitem escolher novos termos, como também discutimos aqui, e acrescentar sentidos que são importantes para o entendimento do tratamento que se escolheu dar aos temas discutidos. Não há uma fórmula de como proceder. Tudo dependerá da sua intenção, do projeto que está conduzindo, do gênero textual escolhido e dos encadeamentos que você vai construindo ao longo da escrita. Observe, com isso, que não se trata simplesmente de buscar sinônimos, como se fossem meros "substitutos" de uma palavra específica, para garantir que não haverá repetição demasiada no texto. Trata-se também (e não só) de pensar qual impressão se pretende passar a partir dessas escolhas, qual o sentido veiculado pela cadeia nominal consolidada no texto.

Exercício

Agora que trouxemos uma série de exemplos, que tal partir para a observação da maneira como esses encadeamentos se dão em textos que você lê no cotidiano?

Escolha um texto de sua preferência e faça uma leitura atenta em busca dos substantivos e pronomes. Observe também os momentos em que os termos ficam apenas subentendidos, como no caso das elipses (quando um termo ou estrutura é suprimido para não ser repetido). Como eles se articulam na organização do sentido do tema em destaque no texto?

"Foi morta"?: o lugar da voz passiva nos textos

Já ouviu falar da voz passiva? É um recurso bastante utilizado pelos jornais. Hoje mesmo, enquanto escrevo este livro, visitei um portal de notícias e lá estava uma manchete dizendo assim: "Com placar de 3 a 1 contra Bolsonaro, julgamento no TSE é suspenso".[9] Aqui, temos a estrutura verbal de voz passiva "é suspenso" (verbo *ser* + verbo no particípio), que faz com que "julgamento" seja colocado como o sujeito dessa sentença, deixando em destaque *o que* foi suspenso, em vez de *quem* suspendeu o julgamento. Como eu disse, é um recurso comum no jornalismo. Costuma visar à objetividade e à neutralidade, o que nem sempre é possível atingir.

Seu uso vem sendo questionado justamente por trazer para o centro quem sofreu uma ação, deixando de fora do foco de atenção quem a promoveu. No caso da sentença

---

[9] COM PLACAR de 3 a 1 contra Bolsonaro, julgamento no TSE é suspenso. *Veja*, 29 jun. 2023. Disponível em: https://veja.abril.com.br/brasil/julgamento-bolsonaro-tse. Acesso em: 21 nov. 2023.

trazida no parágrafo anterior, essa questão não parece ser crucial. Contextualizo: enquanto escrevo o livro, acontece no Tribunal Superior Eleitoral (TSE) o julgamento de uma ação que acusa o ex-presidente Jair Bolsonaro de abuso de poder e uso indevido dos meios de comunicação. Todos os dias vêm sendo veiculadas informações sobre o julgamento, e as matérias relacionadas costumam vir em grupo nos portais de notícia. A suspensão do julgamento é parte do processo e já aconteceu em outro momento na mesma semana. Assim, o jornal escolheu não focar em *quem* suspendeu o julgamento, mas n*o que* foi suspenso, por se tratar de um procedimento corriqueiro do tribunal.

No entanto, o uso da voz passiva pode ter um impacto bastante diferente quando se está tratando de notícias de violência. Vejamos, por exemplo, como ela funciona em casos de feminicídio,[10] em que ganham destaque a ação e a pessoa contra quem

---

[10] Para uma discussão detalhada sobre o tema: OLIVEIRA, Niara de; RODRIGUES, Vanessa. *Histórias de morte matada contadas feito morte morrida*. Curitiba: Drops Editora, 2021.

a ação foi cometida, mas não aquele que, possivelmente, a cometeu. Aqui, o "possivelmente" é importante porque uma das premissas de um jornal está em não condenar quem é, a princípio, inocente. O problema se revela quando, nessa tentativa, acaba-se por ignorar o agente, invisibilizando o possível responsável pelo ocorrido. Um exemplo: "Mulher é morta a facadas dentro da própria casa em Araruama, RJ; ex-marido é o principal suspeito".[11]

Temos na manchete a estrutura passiva "é morta", acompanhada, na mesma sentença, de algumas informações sobre o ocorrido, como "dentro da própria casa em Araruama, RJ". "Mulher" tem o destaque na oração, trazida como sujeito, embora não tenha cometido a ação – ela, na verdade, sofreu a violência. O ex-marido, principal

---

[11] A notícia está aqui:
LESSA, Juan. Mulher é morta a facadas dentro da própria casa em Araruama, RJ; ex-marido é o principal suspeito. *G1*, 11 maio 2023. Disponível em: https://g1.globo.com/rj/regiao-dos-lagos/noticia/2023/05/11/mulher-e-morta-a-facadas-dentro-da-propria-casa-em-araruama-rj-ex-marido-e-o-principal-suspeito.ghtml. Acesso em: 21 nov. 2023.

suspeito, aparece apenas na segunda oração. Sentenças que se concentram na vítima, como a apresentada, são muito comuns no noticiário sobre violência contra a mulher. Em muitos casos, o possível agressor sequer é mencionado. Costumeiramente se juntam à estrutura da voz passiva imagens da mulher, o que reforça o foco nela, e não em quem cometeu a agressão.

É comum que se diga, e talvez você esteja pensando nisso aí do outro lado: "Ah, mas não se pode condenar em uma matéria de jornal alguém que ainda passará por julgamento". Ao que eu prontamente responderia que você tem toda a razão. Meu objetivo aqui não é propor nenhum tipo de injustiça a partir da reflexão sobre o uso de uma dada estrutura linguística. No entanto, textos podem ser escritos de maneira bastante variada. E como eu sempre digo em meus cursos e vídeos para as diferentes redes sociais, todo e qualquer texto pode ser repensado, refeito, reescrito. Afinal, um texto não nasce no vácuo. Assim, seria possível trazer o sujeito apontado como agressor para a oração principal, explicitando com isso a relação de violência do homem contra a mulher – a base do feminicídio –, sem condená-lo previamente: "Ex-marido é principal suspeito de matar mulher dentro de casa a facadas".

Observe a diferença na escrita da manchete aqui: o principal suspeito de cometer a violência está presente na manchete, e a voz passiva não precisaria ser empregada nesse caso. Este é um exercício que pode ser feito para todos os textos: há sempre uma outra maneira de descrever uma situação, mantendo, inclusive, a ética profissional jornalística.

Ao propor aqui essa discussão, talvez surja uma dúvida: estou sugerindo que não se deve mais empregar a voz passiva? Não, não é isso. O objetivo é mostrar que as escolhas sintáticas que fazemos têm implicações importantes na maneira como um episódio ganhará destaque, em quais aspectos ganharão o centro da discussão. É importante reportar casos de violência contra a mulher; nosso país tem um grave histórico de violências que seguem sendo perpetradas. No entanto, é preciso deixar claro quem comete tais agressões de maneira rotineira. Mulheres não são mortas por algum agente etéreo; homens agridem, violentam, matam mulheres. E essa informação, tantas vezes ignorada na produção das manchetes de casos de feminicídio, pode ter destaque em uma manchete que reporta uma violência, mais uma vez, mantendo a ética profissional do jornalismo e, ao mesmo tempo, garantindo que todos os sujeitos que podem ter participado da ocorrência estejam destacados – em vez de ignorados ou deixados em segundo plano.

Assim, compreender como funcionam as diferentes estruturas sintáticas contribui para entregarmos as informações a quem nos lê de maneira socialmente responsável. No caso da voz passiva no jornalismo, os próprios manuais das redações recomendam seu uso, ignorando frequentemente as reivindicações feitas contra o emprego dessas estruturas em exemplos como o anterior. Essa situação vem mudando a partir das inúmeras críticas que vêm sendo feitas a esse padrão, e o exemplo nos mostra o quanto a escolha por uma estrutura linguística pode ter implicações que vão muito além da questão da norma.

A discussão sobre a escolha das estruturas sintáticas de maneira mais geral, não apenas da voz passiva, me faz pensar na escritora americana Vivian Gornick. Em seu livro *The Situation and the Story: The Art of Personal Narrative* [em tradução livre, A situação e a história: a arte da narrativa pessoal],[12] a autora nos apresenta a importância da descoberta da *persona* para a elaboração desse tipo de narrativa. Essa *persona*, a autora entende, demanda, inclusive, uma sintaxe própria a ser elaborada, construída, o que nos revela a importância da atenção à estrutura para os projetos de escrita. Para a autora, essa sintaxe não é necessariamente a mesma empregada em outros projetos de quem se propõe a escrever uma narrativa pessoal. É possível que ela precise buscar e estudar quais recursos se adéquam especificamente àquela *persona* que está sendo construída naquele texto. Assim, importa reconhecermos que as escolhas das diferentes estruturas é relevante para todo e qualquer gênero textual. Essas escolhas marcam nossos projetos de escrita, ficcionais ou não ficcionais.

---

[12] GORNICK, Vivian. *The Situation and the Story*: The Art of Personal Narrative. Nova York: Farrar, Straus and Giroux, 2002.

Exercício

Considere as duas sentenças do caso de feminicídio trazido anteriormente:

1. "Mulher é morta a facadas dentro da própria casa em Araruama, RJ; ex-marido é o principal suspeito."
2. "Ex-marido é principal suspeito de matar mulher dentro de casa a facadas."

Procure reescrever a oração, trazendo uma alternativa à minha sugestão de reescrita da manchete. Quais caminhos você encontra, mantendo a ética na escrita do texto? Quais escolhas sintáticas você fez para este exercício de reescrita?

O sentido e a quebra de expectativa

Criolo é o nome artístico de Kleber Cavalcante Gomes, um cantor, compositor, rapper e ator brasileiro. No álbum *Nó na orelha*, lançado em 2011, há uma canção composta por ele chamada "Lion Man". Nela, encontramos os seguintes versos:

> *Retomando as atividades do dia:*
> *lavar os copos, contar os corpos e sorrir*
> *a essa morna rebeldia*[13]

Quando tem início o verso "retomando as atividades do dia", é lançada sobre nós a expectativa do que se vai apresentar a seguir, ou seja, possíveis tarefas do dia. A escolha vocabular nos coloca diante de um universo em torno do que são essas atividades com as quais se lida no cotidiano. Nosso conhecimento de mundo, que vamos adquirindo ao longo da vida, contribui para

---

[13] LION Man. Intérprete: Criolo. *In*: NÓ NA orelha. São Paulo: Oloko Records, 2011. CD, faixa 9.

essa construção. Cada um de nós tem um entendimento do que são atividades do dia, do que é corriqueiro, em função de questões de classe, de gênero, de religião, entre outras. Mas é possível que haja um conjunto amplo de atividades que se "cruzem" e que sejam entendidas por grupos e comunidades distintos como atividades de um dia comum. Por vivermos em uma sociedade na qual compartilhamos uma série de hábitos e rotinas, compartilhamos também esse entendimento, que inevitavelmente perpassa a construção do sentido no texto. Essa expectativa sobre as possíveis atividades de um dia é mantida quando a primeira delas nos é listada no verso seguinte: "lavar os copos". Essa é, de fato, uma atividade do dia bastante comum na vida de muita gente. No entanto, aí está a beleza da escrita e das possibilidades que um texto nos dá: diante da perspectiva lançada, é possível que você imagine uma segunda tarefa, talvez doméstica, que se siga a "lavar os copos". Eis que, para nossa surpresa, surge "contar os corpos" e, em seguida, "sorrir a essa morna rebeldia".

"Lion Man" pode ser entendida como uma homenagem aos artistas independentes e suas batalhas cotidianas ("Artista independente leva no peito a responsa, tiozão / E não vem dizer que não"). O nome da canção faz referência a um seriado japonês lançado na década de 1970, em que um samurai se transforma em um "homem-leão" para enfrentar monstros diversos. Na última estrofe da música, a relação entre o personagem Lion Man e Criolo se estabelece através do verso "Criolo no estilo Lion Man". Na estrofe em que apresenta as atividades do dia, a ideia do que seriam essas atividades se reconfigura a partir do momento em que "lavar os copos" dá lugar a "contar os corpos", algo que não necessariamente tomaria nosso imaginário quando nos deparamos com o primeiro verso dessa estrofe.

Esse exemplo nos mostra que construir o sentido de um texto é elaborar uma cadeia coerente de ideias ao longo do caminho. No entanto, essa cadeia não precisa seguir uma linha de raciocínio convencional, aproximada do senso comum: como vimos em "Lion Man", quebra-se uma expectativa para dar lugar a outro universo, que nos surpreende, incomoda, desperta curiosidade. A quebra em "Lion Man" não nos desorienta de maneira definitiva; o que ela faz é recalibrar nossa busca pelo sentido, que foge do óbvio do que seria entendido como as tais atividades do dia.

Gosto desse exemplo para discutir as diferentes possibilidades de construção do sentido, sem que se ignore o todo do texto. A quebra de expectativa tem aí uma razão de acontecer. Quem escreve não deve buscar a todo custo quebrar um fio interpretativo de um texto simplesmente "porque sim". É preciso se conectar ao seu projeto de dizer. A estrofe em questão nos ajuda a compreender como o texto se consolida a partir do jogo da manutenção e quebra de uma lógica de sentido compartilhada entre nós, a partir justamente do conhecimento de mundo que em certa medida compartilhamos. Para muitos de nós, lavar os copos é uma tarefa cotidiana; contar os corpos, não. Para tantas outras pessoas, no entanto, contar os corpos é também parte bastante corrente do cotidiano, seja metaforicamente, seja concretamente, em função das inúmeras dinâmicas de violência com as quais se convive. Basta ler os jornais para estar diante de inúmeros casos, muitas vezes entendidos

4. CAIXINHA DE FERRAMENTAS

como uma verdadeira "contagem de corpos" corriqueira, em função da frequência com que acontecem.

É no texto que se constrói esse jogo, mas um texto não caminha só. Ele desperta em nós a busca pelo sentido, que se encaminha a partir das inúmeras conexões que vamos estabelecendo na jornada da leitura e da escrita. É no texto que se estabelecem expectativas que, ao serem quebradas, nos colocam diante da confrontação da multiplicidade de mundos e entendimentos sobre eles e sobre o texto.

Exercício

Você se lembra de alguma leitura que te impactou por trazer essa quebra de uma expectativa sobre o que viria a seguir? Se sim, retome este texto e busque sistematizar, como fizemos aqui, quais elementos levaram à quebra de um sentido esperado e ao estabelecimento de novas possibilidades interpretativas. Em seguida, elabore um parágrafo em que você busca essa quebra de expectativa no sequenciamento de ideias do seu texto.

Explicando demais?
O caso dos advérbios

Advérbios são uma classe de palavras descritas como modificadoras de verbos, adjetivos e até mesmo outros advérbios. Isso significa que, em um caso como "respondeu vigorosamente", "vigorosamente" é um advérbio que estaria acrescentando um sentido ao verbo "responder". Eles formam uma combinação importante; no entanto, por serem bastante descritivos, podem se tornar uma combinação "indesejada", a depender do efeito de sentido que se quer causar. Em um dado momento de um romance, por exemplo, é possível que um texto muito "explicado", em que toda ação vem acompanhada da marca "verbo e advérbio" (como em "respondeu vigorosamente"), seja declarativo demais, em vez de propor a tensão a partir de outros recursos que não envolvam necessariamente a explicitação direta de uma emoção. Vejamos: sempre que escrevemos um texto, fazemos escolhas, tiramos uma palavra aqui, acrescentamos outra ali. Não é possível que se diga exatamente tudo. Você assume que quem lê irá preencher as lacunas deixadas no texto a partir do conhecimento de mundo que possui, evitando, com isso, a redundância ou a explicação demasiada. Assim, estamos sempre ponderando sobre as informações que decidimos incluir em um texto. Em um conto ou romance, é possível que você também não queira trazer propositalmente todas as explicações para um episódio para permitir que a pessoa que está do outro lado, lendo o livro, construa ali pontes de sentido. Assim, nem tudo precisa ou deve estar explícito na tentativa de despertar o interesse do leitor. É aqui que o "respondeu vigorosamente" pode acabar por se tornar "revelador demais", por exemplo, na descrição de um diálogo, em que cada fala vem acrescentada de marcas explicativas como essa. Por isso, ao descrever alguma ocorrência no texto, é importante se perguntar: o clima da cena já não está suficientemente apresentado através de outros recursos? Essa combinação não torna o texto artificial? É preciso fazer uso desse recurso para que uma situação seja bem descrita? Quais outros caminhos posso percorrer?

4. CAIXINHA DE FERRAMENTAS

O caso dos advérbios é também interessante quando pensamos em seu uso nos textos jornalísticos, em especial em situações em que se busca manter uma suposta neutralidade. Trago um exemplo retirado de matéria da *Folha de S.Paulo* do dia 3 de julho de 2023: "Famosos pedem prisão de André Valadão após fala supostamente homotransfóbica."[14]

É interessante pensar a escolha pelo uso do advérbio "supostamente" na sentença. Explico: em um de seus cultos, o pastor menciona, ao falar sobre o casamento homoafetivo, que Deus já não poderia fazer nada a respeito porque já "meti esse arco-íris aí. Se eu pudesse, matava tudo e começava tudo de novo". Segue dizendo "mas já prometi a mim mesmo que não posso,

---

[14] O texto da manchete foi posteriormente alterado para "(...) fala apontada como homotransfobia". É possível ler o texto aqui:
FAMOSOS pedem prisão de André Valadão após fala apontada como homotransfobia. *Folha de S.Paulo*, 3 jul. 2023. Disponível em: https://f5.folha.uol.com.br/celebridades/2023/07/famosos-pedem-prisao-de-andre-valadao-apos-fala-supostamente-homotransfobica.shtml. Acesso em: 21 nov. 2023.

então agora tá com vocês".[15] Ainda que o pastor tenha dito que apenas repetiu o que estava na Bíblia – sua fala se apresenta de tal forma como se Deus estivesse falando –, é inegável reconhecer o conteúdo como homofóbico e transfóbico, ao sugerir o possível fim da existência desses grupos em "se eu pudesse, matava tudo e começava tudo de novo". A escolha do jornal, ao reportar o caso, foi afirmar que a fala seria "supostamente" homofóbica, momento em que o advérbio tem função importante por permitir que não seja categórica a afirmação de que a fala foi homofóbica. O advérbio aqui qualifica o adjetivo "homotransfóbica" e coloca em dúvida o teor da fala do pastor.

Esse é um recurso importante do jornalismo, mobilizado muitas vezes em função de aspectos jurídicos para evitar uma acusação direta de uma personalidade pública.

---

[15] PASTOR André Valadão diz que Deus mataria todos os LGBTQIA+ se pudesse. *Folha de S.Paulo*, 3 jul. 2023. Disponível em: https://www1.folha.uol.com.br/cotidiano/2023/07/pastor-andre-valadao-diz-que-deus-mataria-todos-os-lgbtqia-se-pudesse.shtml. Acesso em: 21 nov. 2023.

Busca-se assim reportar o episódio, ainda que qualificadores sejam incluídos para minimizar possíveis efeitos da manchete sobre os envolvidos. É um exemplo significativo por nos mostrar que as escolhas vocabulares, aqui refletidas cuidadosamente na inserção do advérbio que redimensiona o peso da manchete (ao mesmo tempo que pode diminuir a gravidade do que está sendo reportado), se dão por fatores diversos, relacionados aos efeitos de sentido pretendidos em função das mais variadas questões, incluindo aspectos jurídicos.

Deixo, com isso, a pergunta: quantas vezes, ao escrever um texto, você se perguntou se deveria incluir um advérbio que "amenizasse" ou "reforçasse" o sentido do que você se propôs a dizer? Já observou, em textos de outras pessoas, como esse tipo de escolha impactou sua leitura?

Frases longas, frases curtas

No início do seu livro *Niketche: uma história de poligamia*, a escritora moçambicana Paulina Chiziane nos apresenta uma narradora que faz elocubrações sobre um barulho que vem de longe: "Um estrondo ouve-se do lado de lá. Uma bomba. Mina antipessoal. Deve ser a guerra a regressar outra vez."[16]

É possível que o trecho desperte sua curiosidade diante do suspense que se apresenta: o que será o estrondo? Para criar essa dinâmica de tensão, suspense e surpresa, há ao menos dois recursos empregados. Talvez o primeiro a se destacar seja a maneira como vai se desencadeando o referente "um estrondo", que em seguida é apresentado como "uma bomba" e "mina antipessoal". Essas nomeações abrem caminhos para explorarmos um campo de ideias que não necessariamente seria o primeiro a se pensar apenas com a palavra "estrondo". No parágrafo, essas ideias se consolidam com a nomeação da "guerra" como uma possibilidade do que pode estar acontecendo.

---

[16] CHIZIANE, Paulina. *Niketche:* uma história de poligamia. São Paulo: Companhia das Letras, 2004, p. 9.

No entanto, não só a especulação em torno do estrondo e o que ele representaria dá o ritmo para o texto. Observe, por exemplo, a alternância entre frases curtas e longas no parágrafo. Na primeira sentença, uma inversão: em vez da ordem mais corrente "ouve-se um estrondo do lado de lá", escolhe-se "um estrondo ouve-se do lado de lá", destacando com isso o tópico "um estrondo". A partir da apresentação dessa estrutura, o que temos é a sequência de duas frases curtas, compostas apenas pela estrutura nominal "uma bomba" e "mina antipessoal". Cada sentença curta nos traz uma expectativa do que poderia ser o estrondo. Em seguida, a sentença "deve ser a guerra a regressar outra vez" encerra o parágrafo. A alternância entre frases mais curtas e mais longas junto da tentativa de nomear o que seria o estrondo dá dinamismo ao trecho inicial, importante para o estabelecimento da curiosidade do interlocutor.

Essa alternância não se fará presente apenas em romances ou outros formatos de textos ficcionais, em prosa ou verso, e poderá, sem dúvida, promover diferentes efeitos de sentido, a depender das demais características do texto. E quando, em manuais de escrita, nos deparamos com a sugestão de evitar frases longas, pode haver aí algumas razões, dentre as quais destaco:

1. muitas vezes as frases longas podem ficar incompletas, porque quem as escreve "se perde" no meio do caminho;
2. muitas vezes as frases longas não vêm acompanhadas da pontuação adequada para a leitura e o entendimento da sentença;
3. muitas vezes as frases longas são resultado de um pensamento complexo que se quer exprimir e que poderia ser organizado a partir de duas ou mais frases mais curtas, concatenadas.

Assim, o problema não está em fazer uso de frases longas em seu texto, mas na maneira como elas estão estruturadas e em quais efeitos de sentido se pretende passar com elas (veja a seção seguinte).

Em especial quando se trata de textos acadêmicos, é comum encontrar parágrafos longos com pensamentos complexos bastante emaranhados feitos de uma única sentença, que poderia ser expressa em várias, mais curtas e objetivas. Nesses gêneros textuais, objetividade e clareza são marcas recorrentes, muitas vezes impressas a partir do uso de estruturas mais "simples" e diretas. No entanto, lembre-se de que não se trata de uma máxima que se aplica a todo gênero textual e a todo texto: fundamental é entender como a estrutura de que você fez uso garante a fluidez da leitura e se conecta com seu projeto.

Ponto aqui, vírgula acolá

Não me parece possível falar em pontuação sem lembrar o escritor português José Saramago. É possível ler longos parágrafos de seus textos sem que haja pontuação diferente das vírgulas. Observe que eu disse "sem que haja pontuação diferente das vírgulas". A escolha por essas palavras é proposital: não se trata de um texto "sem pontuação"; é um autor que escolhe as vírgulas como recurso principal de pontuação, o que é bem diferente. Vejamos o exemplo extraído do livro *O evangelho segundo Jesus Cristo*:

> Não chores, Mãe, tenho o meu trabalho, sou pastor, Pastor, Sim, Cuidava eu que terias seguido o ofício que teu pai te ensinou, Calhou ser pastor, é o que sou, Quando voltas para casa, Ah, isso não sei, um dia, Ao menos, vem com a tua mãe e os teus irmãos, vamos juntos ao Templo, Não vou ao Templo, mãe, Porquê, ainda tens aí o teu cordeiro, Este cordeiro não vai ao Templo, Tem defeito, Nenhum defeito, este cordeiro só morrerá quando chegar a sua hora natural, Não te compreendo, Não precisas compreender, se salvo este cordeiro é para que alguém me salve a mim, Então, não vens com a tua família, Já ia de partida, Para onde vais, Vou para onde pertenço, para o rebanho, E onde anda ele, Agora está no vale de Ayalon, Onde fica esse vale de Ayalon, Do outro lado, Do outro lado de quê, De Belém.[17]

Nesse trecho, são as vírgulas, aliadas a letras maiúsculas e minúsculas, que

---

[17] SARAMAGO, José. *O evangelho segundo Jesus Cristo*. São Paulo: Companhia das Letras, 1991, pp. 252-253.

4. CAIXINHA DE FERRAMENTAS

distinguirão as falas das duas personagens que interagem no diálogo. É através delas que é estabelecido o ritmo da cena, com a alternância entre respostas curtas e longas da mãe e do filho. É uma conversa, marcada pela oralidade, trazida para o texto. A oralidade, que já mencionamos neste livro, está presente também na literatura e nas reflexões, por exemplo, de Conceição Evaristo. Observe que sequer o ponto de interrogação tem espaço na construção das sentenças. É preciso ativar o conhecimento sobre as dinâmicas interativas de um diálogo para identificar que se trata de perguntas e respostas, por exemplo, em "Pastor, Sim" e "Quando voltas para casa, Ah, isso não sei, um dia". Quem começa a ler textos do autor será confrontado com distintos estranhamentos e inquietudes diante de sua forma de escrever. É uma escolha que tem impacto, como eu disse, sobre o ritmo e sobre a maneira como quem lê interage com o texto. Ao se afastar de uma dada tradição de escrita em língua portuguesa, suas escolhas têm também impacto sobre a recepção de sua obra pela crítica que, em diferentes circunstâncias, pontuaram negativamente tais características.

Estamos mais uma vez diante da reflexão em torno das escolhas que se deslocam da norma, do tradicional, e se consolidam a partir de um outro lugar, que valoriza a oralidade no texto e a pontua, entre outras formas, a partir dos usos das vírgulas e maiúsculas e minúsculas. O autor não é o único escritor a fazer uso dessa estratégia, mas talvez seja o escritor do século 20 mais conhecido por empregá-la.

No livro *Memória de ninguém* (já mencionado anteriormente), a escritora brasileira Helena Machado nos apresenta uma narradora lidando com o luto e a ansiedade que a acompanham diante da passagem do tempo. Em alguns momentos, essa narradora parece se afogar – e nos afogar – em um mar de pensamentos que vão e vêm e nos arrastam para dentro do universo que circula na cabeça dela. Esses pensamentos vêm marcados por longos trechos em que as vírgulas são protagonistas:

> Cheguei da corrida me sentindo empurrada ladeira abaixo e como domingo era o dia da semana no qual eu me permitia abdicar do controle logo no café da

4. CAIXINHA DE FERRAMENTAS

manhã comi cuscuz de milho e bolo de goma e biscoito peta e todas as iguarias da terra seca molhadas na manteiga e mais tarde abri a caixa de bombons e meti para dentro Serenata de Amor e Alpino e Galak e depois lasanha no almoço e de sobremesa goiabada com queijo e à tarde sorvete e iogurte e à noite paçoca e pizza e farinha láctea e a barriga melancia banhuda com seu peso monstro e aquele calor dos diabos e minha mãe já havia sentado comigo na mesa da sala embaixo do lustre de vitral cuja corrente ficava pendurada formando uma curva sorriso e aí sob aquela luz amarela, que para uma formiga poderia denotar a abóbada de uma igreja e a salvação dessas coisas que vão além da conta, minha mãe desenhou uma planilha com a régua – e agora percebo que régua realmente é um objeto que combina muito com minha mãe – e foi separando os dias da semana e olha, na segunda você pode comer cuscuz, na terça farinha láctea, na quarta lasanha e assim sucessivamente, dividindo ao longo da semana todas as porcarias – que na época não eram tão

> porcarias assim, porque há havia o lance do açúcar, mas não tinha essa coisa de glúten, lactose e a porra toda, importavam mesmo as calorias –, mas o fato é que apesar da explanação da minha mãe fazer todo sentido eu já tinha me amarrado ao maldito desacato (...).[18]

Conforme fui me embrenhando pelo livro, me dei conta de que muito do que senti ao lê-lo tem relação não apenas com *as ideias*, mas justamente com *a maneira* como nos são apresentadas a partir dos longos parágrafos concatenados com o suporte de algumas tantas vírgulas e travessões. Observe que no trecho que trago em destaque, ao passar a relatar a seleção que a mãe faz das comidas por dia da semana, as vírgulas são empregadas para pontuar a separação dos dias, como se ali no texto estivesse sendo reproduzida a separação de cada dia da semana trazida na planilha desenhada pela mãe. Antes disso, não havia vírgulas ou

---

[18] MACHADO, Helena. *Memória de ninguém*. São Paulo: Editora Nós, 2022, pp. 152-153.

qualquer outra marca de pontuação: a oralidade mais uma vez se mostra presente a partir das marcas de repetição de estruturas como "e" que apresentam o sequenciamento das ideias.

É importante entendermos que os exemplos que destaco aqui e que podem, a princípio, parecer "desajustados" aos olhos de quem vê apenas a norma, na verdade derivam de um profundo conhecimento desses recursos na escrita. Como dito anteriormente, escrever é estudar, observar e exercitar. Para poder trazer para a própria escrita essas formas, é importante conhecê-las e "testá-las". E para conhecê-las, temos que observá-las, estudá-las, pensá-las como parte do seu projeto de escrita.

É possível fazer um grande apanhado sobre questões de pontuação que impactam o sentido do texto. Não é nosso interesse neste livro falar sobre todas elas. Meu interesse está em fomentar a observação ativa dos recursos disponíveis e como seus usos se consolidam nos textos a que temos acesso no nosso cotidiano. Mas se me permitem um breve conselho, dentre os muitos que podem ser oferecidos: é importante conhecer o gênero textual a que vamos "submeter" nossas ideias. É menos provável que um artigo acadêmico de engenharia venha organizado a partir de longos parágrafos em que o ritmo do texto se dá pela concatenação das ideias apenas pela separação por vírgulas, ou então a partir de frases curtas e entrecortadas, que geram suspense ou tensão. É provável que os argumentos sejam articulados a partir de outros recursos, com pontuação mais "conservadora" e entrelaçamento de articuladores argumentativos que marcam a apresentação, o sequenciamento e a contraposição de ideias. Sabe a sequência que mencionei logo no início do capítulo, os queridos "mas", "porém", "todavia", "contudo", "no entanto", "entretanto"? Certamente, são bastante frequentes, junto com inúmeros outros, em artigos acadêmicos e teses. Cada texto – e cada gênero – demandará de nós um conjunto de elementos em função das características e necessidades que derivam da nossa intenção, do objetivo do projeto, das possíveis regras para sua escrita e do impacto que se almeja ante a audiência, entre outras características e questões que podem surgir.

4. CAIXINHA DE FERRAMENTAS

Este capítulo é mais um convite a você que está do outro lado desta página. São incontáveis os recursos que tornam nossos textos mais "redondos", mais próximos daquilo que queremos despertar em quem nos lê. Estamos diante de um sem-fim de possibilidades, com as quais vamos lidando conforme nos colocamos diante de novos textos, novos projetos de escrita – nossos e das tantas pessoas que lemos e admiramos. Quando Rosa Montero compartilha conosco seu processo criativo em seu livro *A louca da casa*,[19] temos a possibilidade de nos conectarmos com aquilo que é ao mesmo tempo tão pessoal e tão comum a tanta gente que escreve: os textos perambulam em nossas cabeças, mesmo quando não estamos diante do papel ou da tela do computador. E esse perambular tem, muitas vezes, forma. (Re)pensamos a ordem do que pretendemos escrever, criamos frases curtas e longas, jogando para lá e para cá vírgulas, pontos, pontos de interrogação e

---

[19] MONTERO, Rosa. *A louca da casa*. Rio de Janeiro: Harper Collins, 2015.

exclamação. Inventamos palavras, damos usos inusitados às que já conhecemos. Esse é um exercício continuado, que não se "resolve" – é um movimento que está sempre lá. Muitas vezes nos sentimos até mesmo traídas pelas (im)possibilidades da escrita, como bem aponta Conceição Evaristo, ao falar da relação entre oralidade e escrita. Ao escrever, estamos refletindo e mexendo o tempo todo com os recursos linguísticos que temos à disposição naquele momento de nossa história. De forma mais ou menos consciente, estamos continuamente desbravando esses já conhecidos – mas sempre novos – elementos. Porque cada texto é único, e os recursos podem se revelar e se organizar de formas absolutamente distintas em cada um desses textos, a partir daquilo que somos hoje e do que seremos mais adiante, quando mais histórias, leituras, conhecimentos e experiências cruzarem nossos caminhos, nos permitindo ressignificar aquilo que conhecemos e com que trabalhamos.

5.
A escrita para além do texto

Quando eu decidi criar o curso "Escrever sem medo", minha preocupação primeira estava em pensar de maneira mais generosa e cuidadosa o processo de escrever. Para mim, essa postura passava por desmistificar o processo de escrita e mostrar o quanto há inúmeros fatores envolvidos no entendimento que temos de textos e de como funciona o processo da escrita dos mais variados tipos. Quando fui convidada a trazer as ideias do curso para este livro, entendi que essas reflexões também deveriam ser trazidas para este espaço, em vez de ficarem circunscritas ao curso.

Escrever demanda tempo: para estudar, para planejar, para redigir, para revisitar. Em um mundo em que o ditado "tempo é dinheiro" tem bastante força, pode ser desafiador escrever regularmente. E pode demandar também influência, a depender dos interesses de quem escreve: para ser publicado por grandes editoras ou jornais, ou você se dá a conhecer ou você é, de alguma forma, já conhecido. Quando se conhecem – e se têm em alta conta – pessoas que podem contribuir para alavancar seu projeto editorial, suas chances certamente passam a ser distintas das chances de quem não tem acesso a esses recursos. Não quero, ao fazer essa afirmação, parecer reducionista ou simplista demais, mas são inúmeros os casos de pessoas que enviam seus manuscritos e sequer são lidas ou respondidas. São muitos os textos que chegam às editoras, inevitavelmente não serão todos publicados. Assim, é preciso pensar também: quem é visto e como? Quando, em momento anterior do livro, mencionei que escrever é também estratégia, é possível pensarmos também sob essa perspectiva: quais são os passos para que um livro chegue a uma livraria? Ao serem lançados, quais são os livros que ganham destaque, quais são transformados em "promessa" e contam com maior publicidade? Falar sobre isso pode soar incômodo e rapidamente a conversa pode se deslocar para o desmerecimento de quem ocupa espaço de destaque nos lançamentos.

Mas não se trata disso: ao fazer essas perguntas, estou aqui propondo uma conversa sobre as dinâmicas que fazem parte do processo da escrita, mas que parecem pouco exploradas quando se escreve sobre o tema. Não se trata de diminuir quem tem destaque, mas de elaborar por que tão poucos têm direito ao destaque e, mais ainda, por que os que não têm destaque não o têm.

Além disso, escrever pode demandar também dinheiro. O que quero dizer com isso? São inúmeros os casos de pessoas que consolidaram suas carreiras como escritoras já depois de terem consolidada uma outra carreira, ou seja, a questão financeira já estava "resolvida" a partir de um outro lugar, não necessariamente o da escrita. Há também inúmeras escritoras e escritores que produzem seus textos nas horas "livres" de que dispõem, porque não é da escrita que vem o seu sustento. E há também escritoras e escritores que seguiram escrevendo mesmo diante das inúmeras adversidades financeiras – entre outras tantas – em suas vidas. Assim, pensar a escrita como carreira pode requerer um planejamento que não necessariamente vai levar à satisfação financeira. Em função disso, é possível que seja necessário encontrar nas brechas da vida o espaço para escrever, tendo que consolidar o aspecto financeiro em outro lugar.

Pensando ainda nos textos que são publicados através de editoras, é inegável considerar também a diferença de recursos entre as próprias editoras, maiores e menores, que levarão a diferentes oportunidades nos espaços de mídia para alavancar suas obras e autores.

Há aqui uma complexidade de elementos que nos leva a pensar na estrutura capitalista em que vivemos e que, inevitavelmente, perpassa a jornada do escrever. Há as demandas por uma continuada produtividade e entrega. Há também o entrelaçamento entre questões de raça, classe e gênero, que inevitavelmente inundam o universo

5. A ESCRITA PARA ALÉM DO TEXTO

da escrita e as quais mencionei em alguns momentos deste livro. Não há meritocracia que dê conta de tantos enfrentamentos. Histórias de superação de inúmeras dificuldades – sistêmicas – podem, sim, nos servir como inspiração para seguir a jornada, mas jamais devem ser entendidas como exemplo único de como conquistar um espaço no universo da escrita pública. Para cada um ou dois "exemplos de superação" que desbravaram um universo ainda bastante elitista, racista e machista, há outras inúmeras pessoas que nadaram, nadaram, mas não alcançaram a praia da publicação, visibilidade, exposição e alcance.

Ter isso em vista pode parecer desolador, mas, ao trazer esses elementos de maneira breve, minha intenção é convidar as pessoas a pensarem sobre o lugar que elas mesmas ocupam e, especialmente, o lugar que ocupam as pessoas que "chegaram" lá. Em vez de ser motivo de desistência e desânimo, minha fala vem no sentido de pensar e propor caminhos e encontros que mobilizem a escrita de quem não é vista ou se vê representada pelos textos que circulam por aí. Pode ser a troca entre você e suas amigas que escrevem poemas; pode ser o coletivo que produz jornalismo independente; pode ser o grupo de pessoas que tinham blogs e hoje discutem literatura em encontros regulares; pode ser o grupo que se apoia na realização dos trabalhos da faculdade. Pode ser através da participação em um projeto como o Leia Mulheres, com vistas a conhecer novas autoras e formas de escrever e se expressar. Pode ser através da produção de zines e outras tantas formas de publicação independentes. Você, enquanto me lê, pode já ter outros caminhos em vista e em atividade. Reconhecer o árido percurso que pode levar à publicação em larga escala é uma maneira de pensar e construir os caminhos "alternativos" a essa lógica ainda tão presente no mercado editorial.

O meu convite para que você permaneça na escrita, se assim o desejar, é um convite cravado no entendimento dos inúmeros desafios que podem estar postos. No entanto, como dizem tantas pessoas que escrevem, não escrever pode ser ainda mais desolador. Encontrar as brechas, a partir da sua realidade, das suas possibilidades, é o que espero que possamos fazer. No dizer de Gloria Anzaldúa:

> Por que sou levada a escrever? Porque a escrita me salva da complacência que me amedronta. Porque não tenho escolha. Porque devo manter vivo o espírito de minha revolta e a mim mesma também. Porque o mundo que crio na escrita compensa o que o mundo real não me dá. No escrever coloco ordem no mundo, coloco nele uma alça para poder segurá-lo. Escrevo porque a vida não aplaca meus apetites e minha fome. Escrevo para registrar o que os outros apagam quando falo, para reescrever as histórias mal escritas sobre mim, sobre você. Para me tornar mais íntima comigo mesma e consigo. Para me descobrir, preservar-me, construir-me, alcançar autonomia. Para desfazer os mitos de que sou uma profetisa louca ou uma pobre alma sofredora. Para me convencer de que tenho valor e que o que tenho para dizer não é um monte de merda. Para mostrar que eu posso e que eu escreverei, sem me importar com as advertências contrárias.

> Escreverei sobre o não dito, sem me importar com o suspiro de ultraje do censor e da audiência. Finalmente, escrevo porque tenho medo de escrever, mas tenho um medo maior de não escrever.[1]

A escrita e o medo: estratégias?

Em uma das minhas turmas de escrita, propus o seguinte exercício: eu diria uma palavra e, a partir dela, os participantes escreveriam por cinco minutos, sem pensar demais, sem voltar para editar o texto. Apenas escreveriam o que lhes viesse à cabeça no momento em que eu mencionasse a palavra. Eu sugeri este mesmo exercício também aqui neste livro. Não se trata de uma técnica inovadora inventada por mim,

---

[1] ANZALDÚA, Gloria. Falando em línguas: uma carta para as mulheres escritoras do terceiro mundo. *Rev. Estud. Fem.*, Florianópolis, v. 08, n. 01, pp. 229-236, 2000. Disponível em: http://educa.fcc.org.br/scielo.php?script=sci_arttext&pid=S0104-026X2000000100017&lng=pt&nrm=iso. Acesso em: 21 nov. 2023.

mas de uma estratégia utilizada por muitas pessoas na tentativa de "destravar" a escrita. Quando finalizado o exercício, vem a sugestão de deixar o texto "descansar" e voltar a ele horas (ou dias?) depois, na busca por um afastamento necessário do texto e das possíveis críticas imediatas a ele. Vários foram os relatos de pessoas que se surpreenderam ao se darem conta de que estavam escrevendo, "sem pensar demais", durante o exercício. Essa é apenas uma estratégia que pode ajudar a organizar seus pensamentos através da escrita, sem que você apague imediatamente aquilo que produziu a partir da forte autocrítica que muitas vezes nos toma ao escrever. Escolher uma palavra, uma situação, um objeto pode ser um caminho interessante para levar a escrita a fluir.

Assim, ao entendermos que a escrita se consolida no exercício – e não na inspiração imediata –, podemos encaixar diferentes estratégias no cotidiano para seguir escrevendo. Há quem escolha um dia da semana ou um momento do dia para organizar listas das ideias que passaram pela cabeça; há quem elabore mapas mentais de uma ideia para visualizar o que seria o texto completo;

há quem reserve alguns minutos em um momento do dia para discorrer, como no exercício que ofereci em meu curso, sobre um tópico de interesse sem qualquer interrupção; há quem faça uso dessa estratégia de maneira recursiva, escolhendo um tópico a partir de um primeiro texto e, então, desenvolvendo mais amplamente aquela ideia específica; e há, ainda, quem desenvolva uma ideia ou conjunto de ideias a partir de perguntas norteadoras, como "do que se trata o tema?", "quem participa da situação?", "onde ela acontece?", "quando acontece?", "como acontece?" e "por que acontece?". Essas diferentes estratégias não são excludentes e podem ser empregadas em diferentes etapas do processo de escrever.

Quando há projetos específicos em andamento, há ainda quem defina um objetivo: preciso escrever três parágrafos hoje. Ou uma página. Há quem delimite o que é preciso ser feito em termos de caracteres: mil, 2 mil, 5 mil por dia. É um caminho norteador do tempo que será preciso para escrever um projeto completo quando se sabe qual será seu tamanho. Um exemplo: a submissão de artigos científicos para publicação

5. A ESCRITA PARA ALÉM DO TEXTO

frequentemente é feita a partir do número de caracteres permitidos. Ao estabelecer quantos caracteres (em média) se vai escrever por dia, ou por semana, tem-se uma melhor estimativa do tempo necessário para a escrita total do projeto. É claro que nem sempre o plano inicial será mantido: há dias em que se escreve menos, há dias em que se escreve mais. Mas se pontuamos neste livro, em diferentes momentos, que a rotina de escrita é bem mais importante e representativa do que um lampejo de inspiração, estabelecer metas factíveis pode contribuir para a manutenção dessa rotina.

Para quem não tem um projeto específico, mas gostaria de escrever com regularidade, pode parecer difícil encaixar a escrita na rotina. Uma possibilidade é registrar cotidianamente o que chamou a atenção no dia: as impressões sobre um livro lido, o episódio da novela; criar uma história fictícia a partir da conversa que você ouviu no ônibus na volta do trabalho; criar o hábito de registrar o que se lembra dos seus sonhos todas as manhãs ao acordar.

Quando desfazemos a ideia de que apenas o que é "nobre" tem vez no registro escrito, surge a possibilidade libertadora de transformar a escrita no lugar da conversa consigo (ou com o outro), na experimentação de diferentes caminhos e gêneros.

Exercício

Agora que você chegou até aqui, eu gostaria de propor um último exercício. Considere as conversas propostas ao longo do livro e escreva de maneira fluida, sem pausas, durante 15 minutos. Você poderá escolher o tema e também o gênero textual. Ao concluir esse período, deixe seu texto repousar. Algumas horas depois, volte a ele e revisite sua escrita. Analise concretamente cada parte do texto e revise as estruturas e as ideias: há algo redundante? Alguma estrutura recorrente de que você goste? Algo que queira acrescentar ou retirar? Alguma dúvida com relação à pontuação? Acesse um compêndio gramatical, se considerar necessário. Reescreva seu texto com base nessas observações e, em seguida, releia o que você produziu. O que você vê?

6.
Para finalizar: o que fica?

Eu entendo este meu primeiro livro sobre escrita como um convite: a pensar a própria escrita com mais generosidade, a observar a escrita do outro com vistas a aprender sobre ela, a experimentar diferentes gêneros e recursos, em vez de determinar que a escrita parte de um gênio inalcançável. É também um convite para entender a produção textual como uma jornada que vai se transformando ao longo de toda a nossa história; afinal de contas, os textos não brotam de árvores e são fruto do nosso entendimento de mundo num dado momento da nossa trajetória. As ideias que nos surgem e que se transformam em textos são uma parcela daquilo que aprendemos e observamos da vida – com maior ou menor dedicação, com maior ou menor formalidade –, e reconhecer isso é também entender que todos os textos produzidos estão cravados num dado momento não só da nossa história, mas da história do mundo. São fagulhas, pequenas contribuições, que se juntam a outras tantas que falam de dores, angústias, encontros, estruturas falhas, universos combinados ou colididos. Fazer essa afirmação implica reconhecer as marcas que o período em que estamos inseridos deixa também nos textos produzidos, porque não estamos isolados do mundo, porque nossa escrita não ignora as marcas do nosso tempo. Da mesma maneira, nossa escrita não ignora as inúmeras referências que vamos construindo e consolidando ao longo da nossa história.

Sabe a paranoia da escrita que precisa ser original e criativa? Pois é. Eu me pergunto de onde vem essa ideia que atordoa e persegue escritores de todas as idades, como se "escrever algo nunca visto" fosse sinônimo de escrever sobre algo nunca comentado antes. Quanta ilusão, quanto sofrimento em vão! Assim, este livro é também um convite para desmistificar essa lógica de uma originalidade vazia, como se ela pudesse se concretizar sem que você elaborasse a partir de todo o conhecimento que construiu e que quer desbravar, seja sobre sua própria história, seja sobre a história do mundo.

E embora não tenha sido o foco do livro detalhar todas as milongas envolvidas nos diferentes momentos da história da literatura nacional (e da língua escrita brasileira), não nos esqueçamos de que, ao falar de escrita, estamos falando de uma continuada disputa de forças, engendrada por diferentes atores ao longo da história, a partir das questões de suas épocas, com um "pano de fundo" voltado à questão da língua e seus usos possíveis na escrita. Pensar quem tem o direito a escrever e como, o quanto será validado em sua escrita e que escrita é essa, é parte importante da circulação de textos escritos. É parte fundamental de se pensar o escrever.

Assim, este meu texto é também um convite para desencastelar a escrita. Um

6. PARA FINALIZAR

convite para entendê-la como um lugar múltiplo, de afirmação de identidades, de busca pela negociação de sentidos vários, e não de uma "utilidade" única e específica. Escrever pode ser sinônimo de aniquilar a dor, transformar o viver, criar outros mundos, consolidar experiências e conhecimentos, reafirmar posições. Pode ser assustador para alguns, revitalizante para outros.

Essas definições e possibilidades me levam de volta para a escrita e sua idealização. Do que as pessoas assumem que "pode" ser dito, e como pode ser dito. Do ideal em tudo – na forma e no conteúdo. Da elitização dos temas e de quem pode segurar a caneta e pressionar o papel para expressar suas ideias.

Escrever é tudo o que pontuei neste livro, e tanto mais. E são tantas as escritoras que falam sobre suas jornadas de escrita e o que representam para elas. Pode ser difícil, confuso, árduo. Mas, para muitas pessoas, o pior é não escrever. Sobre o cotidiano, sobre a vida íntima, sobre o dia que corre. Sobre a mosca que morre, o estrondo na esquina, a carne que incomoda. Sobre a guerra de que não se ouve falar. Sobre a manifestação política, o dia a dia documentado no Instagram, o próprio ato de escrever, a vida em sociedade. Escrever é criar no texto uma realidade que só se vê ali, mesmo quando o que escrevemos é a realidade em que vivemos. No respiro, na hesitação e na realização de um projeto, grande ou pequeno, público ou privado, vamos?

**Acreditamos
nos livros**

Este livro foi composto em Haboro Serif e Haboro Soft e impresso pela Lis Gráfica para a Editora Planeta do Brasil em janeiro de 2024.